国家出版基金项目
NATIONAL PUBLICATION FOUNDATION
以新旧动能转换促高质量发展研究丛书

新旧动能转换下
开放型经济与企业发展研究

XINJIU DONGNENG ZHUANHUANXIA
KAIFANGXING JINGJI YU QIYE FAZHAN YANJIU

周志霞　李庆军　郑明亮　著

企业管理出版社
ENTERPRISE MANAGEMENT PUBLISHING HOUSE

图书在版编目（CIP）数据

新旧动能转换下开放型经济与企业发展研究 / 周志霞，李庆军，郑明亮著. —— 北京：企业管理出版社，2021.8

（以新旧动能转换促高质量发展研究丛书）

ISBN 978-7-5164-2305-9

Ⅰ.①新… Ⅱ.①周… ②李… ③郑… Ⅲ.①中国经济—开放经济—研究②企业发展—研究—中国 Ⅳ.①F125②F279.23

中国版本图书馆CIP数据核字（2020）第243743号

书　　名：	新旧动能转换下开放型经济与企业发展研究
作　　者：	周志霞　李庆军　郑明亮
选题策划：	周灵均
责任编辑：	陈　静　周灵均
书　　号：	ISBN 978-7-5164-2305-9
出版发行：	企业管理出版社
地　　址：	北京市海淀区紫竹院南路17号　邮编：100048
网　　址：	http://www.emph.cn
电　　话：	编辑部（010）68456991　发行部（010）68701073
电子信箱：	emph003@sina.cn
印　　刷：	北京环球画中画印刷有限公司
经　　销：	新华书店
规　　格：	710毫米×1000毫米　16开本　17.25印张　250千字
版　　次：	2021年8月第1版　2021年8月第1次印刷
定　　价：	89.00元

版权所有　翻印必究·印装有误　负责调换

前 言

2014年召开的中央经济工作会议明确提出我国经济发展已进入新常态，这集中体现在以下三个方面：第一，经济增长速度由高速增长转为中高速增长；第二，经济结构由低端产业结构、低端产业布局转为高端产业结构和布局；第三，推动经济发展的动力由过去更多地依赖土地、劳动力等资源要素投入，转为更多地依靠科技创新。虽然经济从高速增长转为中高速增长，但新动能新经济正在中国蓬勃发展，悄然崛起成为对冲经济下行压力、护盘兜底、提质增效的新生力量。近些年来，新产业、新业态、新商业模式和新技术多点开花，促使新动能新经济迈入高速发展阶段。新的经济结构、经济模式正成为中国经济发展新的力量，经济动能正在从传统增长的旧动能转变为新的增长动力。贯彻新发展理念，培育壮大新动能，促进新旧动能接续转换，是以习近平为核心的党中央做出的重大部署。我们必须适应发展趋势，积极调整发展方式，及时实施发展战略，立足创新，培育一系列新的经济增长点，寻找新的动能、挖掘新的动能。

开放是国家繁荣发展的必由之路，以开放促改革、促发展，是我国现代化建设不断取得新成就的重要法宝。党的十九大报告提出要"推动形成全面开放新格局"，这是以习近平为核心的党中央适应经济全球化新趋势、准确判断国际形势新变化、深刻把握国内改革发展新要求做出的重大战略部署，必将为决胜全面建成小康社会、夺取新时代中国特色社会主义伟大胜利提供有力支撑。

当前，世界经济尚未走出亚健康和弱增长的调整期，深层次结构性矛盾并未有效解决，新的增长动力仍未形成，潜在增长率不升反降，不确定因素较多，新旧动能转换已成为世界经济复苏繁荣的关键。为深入贯彻习近平新时代中国特色社会主义思想和党的十九大精神，我们要深入贯彻新发展理念，以新旧动能转换为引领，树立开放强国鲜明导向，抢抓新一轮开放重大机遇，推动大开放、大发展，积极打造对外开放新高地。

在新旧动能转换背景下，我国各省市均出台了含金量很高的开放发展意见和若干政策措施，有力地促进了区域开放发展工作。山东省委、省政府于2017年9月召开了全省开放型经济发展大会，对开放工作做出全面部署，出台了《中共山东省委、山东省人民政府关于推进新一轮高水平对外开放的意见》。新一轮高水平开放发展战略的实施，给山东省企业尤其是高新技术企业带来了前所未有的机遇和挑战。

但是，制约开放发展的深层次矛盾仍然比较突出，部分领域体制机制没有突破，对外开放的引领作用发挥不够，特别是与先进省市相比，山东省开放发展在规模与速度、结构与质量等方面仍有不小差距，思想认识、落实力度、环境营造等方面也需要进一步加强。我们应始终坚持对外开放的基本国策，奉行互利共赢的开放战略，以开放的主动赢得发展的主动和国际竞争的主动，为夺取新时代中国特色社会主义伟大胜利、实现中华民族伟大复兴的中国梦贡献力量。

本书以山东省及潍坊市为例，系统梳理了新旧动能转换背景下城市开放发展、优化营商环境的实践探索，全面总结了典型企业开放发展的实践经验，深入分析了典型区域开放发展的建设成效与改进建议，以及高新技术企业发展与财税政策的激励效应，在此基础上，提出新旧动能转换下高新技术企业开放发展建议及全面开放新格局建设建议。研究成果为推动我国高新技术企业的技术创新与开放发展，从而进一步促进各省市全面开放与发展，提供了科学适用的决策参考与实践借鉴。

周志霞
2021年6月

目　录

第一章　新旧动能转换下典型区域开放发展实践探索 / 001

第一节　潍坊高新经济开发区开放发展战略实施 / 003

一、坚持创新驱动，提高全球资源配置能力 / 003

二、坚持招才引智，为开放发展注入新活力 / 004

三、坚持产业发展，主动融入国际经济大循环 / 005

四、建立国际标准体系，全力打造标准化示范区 / 006

五、坚持规划先行高端引领，打造产城融合的国际化现代新城 / 007

六、坚持优化营商环境，营造更加开放的宜业宜居氛围 / 008

第二节　潍坊滨海经济技术开发区开放发展战略实施 / 009

一、解放思想，健全工作推进落实机制 / 009

二、强化载体，大力推进开发区体制机制改革 / 010

第三节　潍坊综合保税区开放发展战略实施 / 015

一、综合保税区开放发展实施措施 / 016

二、综合保税区开放发展存在的制约 / 018

三、综合保税区开放发展实施重点 / 019

第四节 潍坊寿光市开放发展战略实施 / 020

一、强化保障,增强开放发展支撑力 / 020

二、多措并举,构建全方位开放发展格局 / 021

三、积极优化,打造一流营商环境 / 022

四、积极帮助企业应对国际贸易摩擦 / 022

第五节 潍坊诸城市开放发展战略实施 / 024

一、打造开放发展新平台 / 025

二、培育国际竞争新优势 / 026

三、拓展国际合作新空间 / 027

四、完善国际合作新布局 / 029

第二章 新旧动能转换下典型区域优化营商环境实践探索 / 031

第一节 潍坊高新经济开发区优化营商环境实践探索 / 033

一、深入推进简政放权,提升政务服务水平 / 033

二、深化"一次办好"改革,提高政务服务效能 / 034

三、拓展便民利民渠道,优化政务服务效率 / 036

四、高新区清池街道改善营商环境实践探索 / 037

五、高新区"服务大使"制度实践探索 / 038

第二节 潍坊滨海经济技术开发区优化营商环境实践探索 / 041

一、深化"放管服"改革,全面提升服务效能 / 041

二、提高投资贸易便利化水平 / 042

三、开展外贸转型升级专项行动 / 044

目 录

第三节 潍坊综合保税区优化营商环境实践探索 / 047

一、全力推进"一次办好"改革，完成"五个一"集成服务工作 / 048

二、推进全区信息共享平台建设 / 049

三、综合保税区政务改革存在的问题 / 050

第四节 潍坊奎文经济开发区优化营商环境实践探索 / 051

一、奎文开发区优化营商环境改革实践 / 051

二、奎文开发区优化营商环境存在的问题 / 053

三、奎文开发区优化营商环境改革建议 / 053

第五节 潍坊诸城市优化营商环境实践探索 / 055

一、积极助推企业应对贸易摩擦 / 056

二、积极助推中小企业转型发展 / 057

第三章 新旧动能转换下典型区域开放发展建设成效与建议 / 059

第一节 潍坊高新经济开发区开放发展成效与建议 / 061

一、高新区开放发展建设成效 / 061

二、高新区开放发展的制约问题 / 063

三、高新区开放发展的建议 / 066

第二节 潍坊滨海经济技术开发区开放发展成效及建议 / 067

一、滨海开发区开放发展建设成效 / 067

二、滨海开发区开放发展建设建议 / 069

第三节 潍坊综合保税区开放发展建设成效与建议 / 070

一、综合保税区开放发展建设成效 / 070

二、综合保税区开放发展建设建议 / 073

第四节　潍坊寿光市开放发展建设成效及建议 / 076

一、寿光市开放发展建设现状 / 076

二、寿光市软件园跨境电商聚集区建设成效 / 077

三、寿光市开放发展的意见建议 / 078

第五节　潍坊市开放发展建设现状与建议 / 080

一、潍坊市开放发展建设成效 / 080

二、潍坊市开放发展面临的主要问题及解决途径 / 090

三、潍坊市开放发展的指导思想与发展建议 / 094

第四章　新旧动能转换下企业开放发展典型示例 / 099

第一节　歌尔股份有限公司开放发展案例 / 101

一、歌尔股份有限公司开放发展现状 / 101

二、歌尔股份有限公司开放发展需求 / 101

第二节　佛吉亚投资有限公司开放发展案例 / 102

一、佛吉亚投资有限公司简介 / 102

二、对外开放为佛吉亚投资有限公司发展提供的机遇 / 103

三、佛吉亚投资有限公司开放发展建议 / 104

第三节　山东海盈互联电子商务有限公司开放发展案例 / 105

一、山东海盈互联电子商务有限公司简介 / 105

二、海盈墨西哥海外仓建设现状 / 106

三、开放发展背景下海盈墨西哥海外仓发展规划 / 107

第四节　诸城市中盈供应链服务有限公司开放发展案例 / 108

一、诸城市中盈供应链服务有限公司简介 / 108

二、诸城市中盈供应链服务有限公司开放发展现状 / 109

三、诸城市中盈供应链服务有限公司开放发展建议 / 110

第五节　山东赛马力发电设备有限公司开放发展案例 / 111

一、山东赛马力发电设备有限公司简介 / 111

二、山东赛马力发电设备有限公司菲律宾海外仓建设现状 / 111

第六节　山东中沃优达物流有限公司开放发展案例 / 112

一、山东中沃优达物流有限公司简介 / 112

二、中沃优达中俄冷链物流项目建设现状 / 112

三、开放发展背景下中沃优达发展规划与目标 / 113

四、全球农产品现货交易平台建设措施 / 114

第五章　高新技术企业发展与财税激励政策研究 / 119

第一节　潍坊国家高新技术产业开发区产业布局 / 121

一、潍坊国家高新技术产业开发区简介 / 121

二、潍坊高新技术产业开发区重点产业布局 / 122

三、潍坊高新技术开发区软件与电子信息产业发展 / 125

第二节　高新技术企业发展与财税激励政策 / 127

一、技术创新财税激励政策研究背景 / 127

二、财税激励政策含义阐释 / 128

三、税收政策对企业投资的影响分析 / 130

第三节 财税激励政策的国际比较与借鉴 / 132

一、财税激励政策的国际比较 / 132

二、高新技术企业财税政策分析 / 137

三、山东省高新技术企业财税政策存在的问题 / 139

四、财税激励政策的国际借鉴与建议 / 143

第六章 典型区域传统产业动能转换分析 / 145

第一节 制造业动能转换分析 / 147

一、潍坊市制造业发展概况 / 147

二、潍坊市制造业动能转换前景 / 148

第二节 纺织服装产业动能转换分析 / 151

一、潍坊市纺织服装产业发展现状 / 151

二、纺织服装产业动能转换前景 / 152

三、纺织服装产业动能转换发展定位 / 153

第三节 汽车制造产业动能转换分析 / 154

一、潍坊市汽车制造产业发展现状 / 154

二、潍坊市汽车制造产业发展存在的问题 / 156

三、汽车制造产业动能转换发展定位与目标 / 157

第四节 机械装备产业动能转换分析 / 158

一、潍坊市机械装备产业发展现状 / 158

二、潍坊市机械装备产业发展的特点及问题 / 159

三、机械装备产业动能转换发展定位与目标 / 161

第五节　食品加工产业动能转换分析 / 163

一、潍坊市食品加工产业发展现状 / 163

二、潍坊市食品加工产业发展的特点及问题 / 165

三、食品加工产业动能转换发展定位与目标 / 166

第六节　造纸包装产业动能转换分析 / 167

一、潍坊市造纸包装产业发展现状 / 167

二、潍坊市造纸包装产业发展的特点及问题 / 168

三、造纸包装产业动能转换发展定位与目标 / 169

第七章　以新旧动能转换推动山东省开放发展 / 173

第一节　山东省实施新旧动能转换的背景与要求 / 175

一、经济新常态对新旧动能转换的需求 / 175

二、山东省经济发展对新旧动能转换的需求 / 176

三、南北发展格局对新旧动能转换的需求 / 177

四、山东省动能转换任务艰巨 / 179

第二节　支持山东省新旧动能转换的十大产业 / 181

一、加快发展信息技术产业 / 181

二、加快发展高端装备制造业 / 183

三、加快发展新能源新技术产业 / 184

四、加快发展智慧海洋产业 / 185

五、加快发展医养健康产业 / 186

六、加快发展绿色化工产业 / 186

七、加快发展现代高效农业 / 187

八、加快发展文化创意产业 / 187

　　九、加快发展精品旅游产业 / 187

　　十、加快发展现代金融业 / 188

第三节　以"创新、改革、开放"引领山东省动能转换 / 189

　　一、以创新驱动增强动能转换动力 / 189

　　二、以深化改革激发动能转换活力 / 190

　　三、以扩大开放释放动能转换潜力 / 191

第八章　以新旧动能转换助推开放型经济高质量发展 / 195

第一节　经济高质量发展的基本内涵 / 197

　　一、经济高质量发展的基本含义 / 197

　　二、经济高质量发展与产业发展的关系 / 197

　　三、制约山东省经济高质量发展的问题 / 198

第二节　新旧动能转换下开放发展政策建议 / 203

　　一、夯实"六六三"开放战略统领地位，优化开放布局 / 203

　　二、健全体制机制，加快构建统筹推进大开放大发展工作格局 / 204

　　三、坚持问题导向，着力夯实开放发展支撑体系 / 204

　　四、提升服务效能，持续不断优化营商环境 / 205

　　五、以体制创新为突破口，推动各类开发区再创发展新优势 / 205

　　六、加大招商引资力度，增强开放发展动力 / 206

　　七、深化对外经贸平台建设，打造国际合作新优势 / 206

　　八、突出人才强市，打造招才引智新高地 / 207

　　九、精准服务企业，积极为外贸企业排忧解难 / 208

十、大力推动产业结构转型升级 / 208

第三节　山东省高质量开放发展的路径建议 / 209

　　一、推进山东省高质量开放发展的基本路径 / 209

　　二、山东省经济高质量开放发展的对策建议 / 210

参考文献 / 215

附录一　××市高新区科技型中小企业融资与需求情况调查问卷 / 233

附录二　××市推进新一轮高水平全面开放情况调查问卷 / 237

附录三　××市营商环境情况调查问卷 / 247

附录四　我国现行的高新技术企业税收优惠政策 / 259

致　谢 / 261

第一章

新旧动能转换下典型区域开放发展实践探索

第一节　潍坊高新经济开发区开放发展战略实施

党的十八大以来，习近平总书记3次亲临山东省视察，要求山东省全面开创新时代现代化强省建设新局面。山东省委、省政府认真贯彻落实习近平总书记视察山东重要讲话和重要指示批示精神，牢牢把握"走在前列、全面开创"目标定位，坚定践行新发展理念，聚力实施新旧动能转换重大工程，山东省经济正迎来高质量开放发展新的春天。

潍坊市委、市政府印发《关于推进新一轮高水平全面开放的政策措施》以来，高新经济开发区（以下简称高新区或高新开发区）认真贯彻落实市委、市政府扩大开放战略工作部署，抢抓建设山东半岛国家自主创新示范区重要机遇，大力实施更加积极主动的开放战略，加速推进理念、产业、创新、城市、环境全域国际化进程，不断提升城市开放度和吸引力，努力建设产城融合的国际化现代新城和全域国际化先行区、示范区。

一、坚持创新驱动，提高全球资源配置能力

高新开发区重点做了以下几项工作。

第一，搭建国际合作创新平台。高新区树立全球视野、国际眼光，主动融入全球创新网络。与中国机械科学研究总院、清华大学、中国科学院（以下简称中科院）等138个大院大所建立合作关系，科技成果转化及产业化能力不断增强。截至2018年，全区已组建国家级国际科技合作基地2家、省级国际科技

合作研究中心8家，2017年新获批国家级众创空间1个、省级众创空间4个，全区累计建成市级以上众创空间14个，其中国家级7个；新获批国家级孵化器1个、省级孵化器4个，全区累计建成市级以上科技企业孵化器13个，其中国家级5个。

第二，培强科技创新主体。高新区制定一揽子政策，支持龙头企业将海外高端研发资源向区内转移。潍柴集团联合美国麻省理工学院、德国亚琛工业大学等19所科研机构，组建内燃机可靠性国际技术创新联盟，2018年全面布局新能源动力产业战略板块，计划到2030年新增投入500亿元、新增产值2000亿元，到2030年再造一个"新潍柴"。歌尔股份有限公司（以下简称歌尔股份）投资500亿元打造"歌尔智慧城"，到2020年实现产值1000亿元，2025年达到2000亿元，加速成为人类美好生活的供应商。盛瑞转动股份有限公司（以下简称盛瑞传动）联合德国开姆尼兹工业大学、英国里卡多公司和北京航空航天大学，分别建立8AT研发中心。

第三，积极引进国际人才。高新区在美国设立硅谷创源孵化器，支持区内企业在海外建设了15个研发机构和分公司，广泛招揽国际人才。2018年已成功引进光电子产业、新能源产业、装备制造产业、电子信息产业、软件产业等领域的专业领先人才，并带动提升了相关行业技师人才，为当地相关产业的发展注入了强大的智力支撑。

二、坚持招才引智，为开放发展注入新活力

高新开发区实施科技强企战略，鼓励引导企业瞄准国际高端，全面增强自主创新能力，树立"活力城市"建设的开放样板。潍柴集团全面加强新能源领域的国际创新合作，加速建立国际一流的燃料电池汽车技术创新链和产业链。歌尔集团申请国际专利1300余项，智能音响、VR、机器人、无人机等领域研发水平已经处于国际前沿，正加速向人类美好生活的引领者和供应商迈进。盛

瑞传动构建形成"三国五地"研发布局，正加紧开展技术攻关，继续抢占高端市场。

为实现开发区招财引智的工作目标，高新开发区重点做了以下几项工作。

第一，加快紧缺人才引进。出台定向引进紧缺急需人才扶持办法，支持区内企业引进"双一流"、985院校急需专业的毕业生。

第二，加快推进科技金融创新。成立总规模108亿元的各类基金，分鼓励、支持、观察三类精准扶持企业发展；新成立7亿元的资本招商专项基金，进一步拓宽项目引进渠道，努力实现资本招商。

第三，扩宽招商渠道。研究制定《关于与第三方机构开展招商合作的意见》，进一步拓宽招商渠道，提高招商工作精准度和项目质量。2018年，已与国际房地产顾问五大行中的高力国际、戴德梁行、世邦魏理仕达成合作意向。

第四，强化国际标准创制及知识产权保护，巩固提升国际创新合作成果。潍柴集团荣获国家科技进步一等奖和中国质量奖，歌尔集团入围山东省民营企业创新十强。新认定高新技术企业71家，总量达到196家。上市挂牌企业新增43家，总量达到134家。专利申请和授权分别增长19.8%和30.4%。

三、坚持产业发展，主动融入国际经济大循环

高新开发区用足用活"两种资源""两个市场"，奋力向全球产业链、价值链中高端攀升。

第一，力促对外经贸优进优出。全面对接"一带一路"和自由贸易区（以下简称自贸区）建设，组织重点企业参加境内外展会150余场次。全区已有100多家企业产品销往国外，在境外设立分公司、营销中心、研发中心等100余处。

第二，强化国际招商引资。聚焦打造国际动力城、光电城、生命健康城和VR科技城，深入实施以商招商、产业链招商、环境招商，大力引进缺环企业和

短板业态,加速形成"引进一家企业吸引多家企业落户,吸引一个客商投资带来一批客商投资"新格局。盛瑞传动加快建设8AT配套产业园,已引进落户双环传动、航天动力等9家企业。阳光保险与以色列LR集团合作,投资25亿元共建中以医疗科技创新中心、国际健康服务中心。天瑞重工与英国皮特斯托公司开展技术合作,高端凿岩机年销售收入达到150亿元,使我国赶超国际水准的时间缩短10年以上。

第三,壮大国际化企业集群。支持企业通过海外上市、跨国并购、建设海外研发机构和营销网络等方式,在全球布局产业链条,加快资本、市场、品牌国际化。潍柴集团在完成收购法国博杜安公司、战略重组意大利法拉帝、战略重组德国凯傲和林德液压的海外并购三部曲基础上,又以21亿美元的价格收购了美国德马泰克公司,成为内部物流解决方案的全球领导者,2018年又参股加拿大巴拉德和英国锡里斯,全力布局新能源产业,并在白俄罗斯设立马兹工业园,海外布局逐步完善。歌尔集团参股世界领先的VR技术开发商高平公司(纳斯达克上市公司),全力打造"软件+硬件+内容"完整产业链条。

四、建立国际标准体系,全力打造标准化示范区

高新开发区鼓励、引导有条件的企业积极参与国际标准化活动,采用国际标准和国外先进标准,参与制定国际标准。2018年重点启动了国家高新技术产业标准化示范区创建工作,并以此为抓手,推进制造业标准化工作,提升制造业标准国际化水平。

2018年4月以来,对全区114家高新技术企业标准化、产品质量、品牌创建等情况进行全面摸底调研,在全面调研和广泛征求意见建议的基础上,高层次、高质量地编制并提报了创建标准化示范区实施方案和项目申报书,成立了示范区创建工作领导小组,积极做好项目报批对接工作。2019年积极推进制订修订工作,并发布实施各类标准10项,制订修订工作正在积极推进,已完成5项;

组织 3 家企业申报了潍坊市 2018 年度标准应用创新奖；鼓励、引导高新技术企业、龙头企业申报组建国家标准化技术委员会（分委会）、工作组，参与国际标准化技术委员会（分委会），争取归口领域标准制修订话语权，截至 2019 年全区拥有注册标准化专家 6 人。

五、坚持规划先行高端引领，打造产城融合的国际化现代新城

高新开发区按照"二线城市"标准，对标"一线城市"配套，深入开展"细节提升年"活动，推动全域国际化在"品质城市"建设领域率先突破，为吸引国际化人才奠定坚实基础。

第一，坚持规划先行。树立国际眼光、世界标准，邀请国际顶尖的美国 WR 公司，对潍坊高新区全域国际化设计方案竞赛成果进行深化。聘请日建设计、华东设计院等名家大家和知名机构，对总体规划、控制性详细规划和专项规划进行完善深化，全面提升规划档次，做到既贴合需求又适度超前。实施道路、桥梁、排水等基础设施工程 54 项、竣工 29 项，完成 13 个路口交通优化，建成 22 个口袋公园。

第二，加快推进城市更新。启动 18 条街道沿线建筑外立面改造，实施西浞河、东三河治理提升及济青高速 15 号口周边景观提升，规划实施了蓉花里、茂街、孵化二巷等特色街区。

第三，深入实施精细化管理。出台房地产项目综合验收备案办法，理顺优化市政工程建设、管护、质检等监管环节，不断深化城市管理内涵。坚持生态优先，铁腕整治雨污混排、渣土车乱象，空气质量持续改善，河流出境断面水质 100% 达标，污染防治攻坚战取得阶段性成效。

第四，加快实施乡村振兴战略。利用城区周边的农用地、复垦地、一般农田，建设田园综合体、郊野公园和度假农庄，打造升级版的文化旅游和休闲度假胜地，

开辟"文化城市"建设新天地。

六、坚持优化营商环境，营造更加开放的宜业宜居氛围

高新开发区牢固树立环境就是生产力的理念，在引进与国际接轨规则和服务体系方面，大胆先行先试，积极营造开放包容、适宜创业创新的发展环境。

第一，积极打造良好政务环境。深入推进"放管服"改革，大力实施"互联网＋政务"，在全国首创"整链条"办理模式，全面推行"一窗受理""登记许可""全流程电子化""证照分离"等改革举措，手续办理并联推进、压茬进行，审批效率一次性提速50%。

第二，积极打造良好法治环境。招标组建律师库、财务审计库、投资审计库以及20多个中介服务机构库，对所有政府投资类工程项目实施跟踪审计，工程决算时实行二次审计。深入开展打霸治痞、扫黑除恶，推进检力下沉，严厉打击涉企违法犯罪行为，营造公平公正法治环境。

第三，积极打造良好生活环境。投入30亿元高标准建设26所学校、幼儿园，重奖名校长、名园长、名教师，建设教育主导型城市。市中医院东院区、妇女儿童医院建设顺利，医疗卫生服务体系更加健全。做好支援抗洪救灾工作，积极帮扶重庆开州区郭家镇脱贫。坚持发展、稳定两手抓，扫黑除恶专项斗争战果突出，推进平安创建、风险防控、矛盾化解，建成全市首家应急体验培训基地，圆满完成上合组织青岛峰会等安保维稳任务，社会大局和谐稳定。

第四，积极帮助企业应对外贸摩擦。高新区现有对美出口企业78家，2017年对美出口额10.4亿元，占全区出口总额的14.6%，对美出口产品中电子产品出口占比55%，机械设备出口占比25%，加工木制品占比10%，纺织品占比8%，其他产品出口占比2%。高新区建立了应对贸易摩擦应急机制，成立领导小组，由区分管领导任组长，召开重点企业会议，建立了应对贸易摩擦工作微信群，及时了解企业困难，及时在群内发布相关信息，给予企业有效帮助。

根据企业反映的问题，加强政策配套，对企业参展费用，中央、省、市补贴后的剩余部分给予奖补，鼓励企业开拓新市场。

第二节　潍坊滨海经济技术开发区开放发展战略实施

一、解放思想，健全工作推进落实机制

（一）健全组织推进体系

滨海经济技术开发区（以下简称滨海开发区或开发区）建立健全了市、县两级开放发展组织推进体系，明确职能职责，配齐配强力量，统筹调度和指导推动开放发展工作。对标先进地区，结合实际制定加快开放发展的政策措施，督导推进各项任务落实。

滨海开发区成立了国家级开发区综合实力突破提升领导小组和改革开放深化完善行动领导小组，制定实施意见，建立联席会议制度，集中研究遇到的重大问题，并将确定的园区转型和开放发展各项任务分解到各部门、单位，实行实时调度，推进各项任务工作落实。

（二）强化考核评价

滨海开发区加大开放发展在全市经济社会发展综合考核中的权重，将外商投资项目纳入全市经济社会发展现场观摩点评，并给予适当加分。每次观摩，各县市区、市属各开发区至少安排1个当年开工建设的1000万美元以上的外商

投资项目。

在2018年全市经济社会发展现场观摩点评活动中，滨海开发区安排了欧美合作激光智能强化延寿、意大利埃尔多瓦航空发动机动力总成、科莫水上飞机制造等外资大项目参加活动，观摩点评结果获得全市县市区第二名、市属开发区第一名的历史最好成绩。

二、强化载体，大力推进开发区体制机制改革

（一）改革行政管理体制

1.科学界定管辖范围

滨海区对开发区进行空间整合、资源整合和产业调整，加快打造新旧动能转换主阵地。进一步明确各省级开发区管辖四至范围，积极推进省级经济开发区落实在省政府的备案管理。先后编制了《潍坊滨海海洋经济新区开发建设规划》和《潍坊滨海海洋经济新区区域规划》等战略规划，完成了《潍坊滨海经济技术开发区总体规划（2014—2020）》《滨海区新旧动能转换重大工程实施规划》，根据规划已形成八大功能板块，其中城市板块4个，专业经济园区4个，八大功能板块对应4462产业体系，每个产业都有载体承接，充分发挥集聚效应，促进产业集群发展，加速新旧动能转换。

2.落实管理权限和财政职能

潍坊市鼓励开发区创新管理体制，探索建立市场化管理模式，开发区管委会在规定的职责范围内行使经济管理权限和行政管理职能；鼓励健全开发区财政职能，具备条件的开发区财政实现独立核算，单独编制预算，纳入本级财政预算管理，并接受本级人大及其常委会的监督；开发区公共基础设施建设也一并纳入本级财政预算。

在具体实践中，滨海开发区按照"企业化管理、市场化运作、专业化服务"的思路，在产业园区、有关部门和国有企业探索实施了"法定机构＋市场主体"模式；在部分经济管理部门和国有企业探索实行"法定机构＋集团公司"模式；在部分专业化园区探索实行"园区管理机构＋园区运营公司"模式。滨海区实施了大部制改革，以"大部制"和"法定机构＋市场主体"为改革方向，实现大经济运行、大规划建设、大行政执法、大市场监管、大社会事务的大部门制格局。现在，滨海区正根据中央和省市机构改革精神，结合实际，对机构进行进一步的优化调整。

截至2018年年底，潍坊滨海开发区已经实行财政收支独立核算，单独编制预算，汇入市级财政预算提报市人大，接受市人大及其常委会的监督；开发区公共基础设施建设等专项支出，区级财政重点予以保障，并纳入本级财政预算。

(二) 创新运营机制

2018年，滨海开发区以"打破体制壁垒、扫除身份障碍，建立人才顺畅流动的制度体系，创新有效管用、简便易行的选人用人机制"为方向，坚持优化结构、人岗相适原则，突破身份界限，不拘一格用人才，为各类人才提供了公平、公开、竞争的舞台。

1.改革人员聘任机制

改革人员聘任机制，重点做了以下几项工作。

第一，实行科学设岗、双向聘任。按照科学合理、精简高效的原则，建立"管委会——工作部门——个人"三个层级的扁平化管理架构，科学核定滨海区各部门单位总岗位数和各类岗位数额。其中，岗位聘任主要采取直接聘任、竞争聘任、双向选择聘任、社会招聘等方式进行。

第二，建立"双轨运行"机制。对滨海区管委会机关、事业单位在编在岗人员，实行干部编制内任职与岗位聘职相分离、档案工资与实际薪酬相分离、干部人事档案管理与合同聘用管理相分离的"双轨运行"管理[①]。

第三，建立分类管理机制。实施全员聘任制后，通过招聘程序从滨海区外聘用的机关事业单位人员，实行分类管理。从市外机关事业单位招聘的人员，采取市场化招聘方式，签订聘用合同，其原有身份和职级不再保留，不纳入编制管理。从市内机关事业单位招聘的人员，签订聘用合同，其身份和职级封存入档，不纳入编制管理，身份和职级不作为实际配备统计（市委或市委组织部直接调配的编制内人员除外）。

2. 改革薪酬分配机制

滨海区突破薪酬体系，最大限度激发干事创业活力。按照"全员聘用、竞争上岗、以岗定薪"的原则，建立全员绩效工资薪酬体系，实行薪酬包管理[②]，改革薪酬分配制度，薪酬分配变"铁工资"为"活薪酬"。

第一，实行档案工资与实际薪酬相分离。改革前工作人员因职务、职级、职称等所形成的工资全部进行封存，实行档案工资与实际薪酬相分离的"双轨运行"机制，改革后取得的职务、职级、职称只在档案工资中进行体现，不影响现实的薪酬发放。

第二，科学设定薪酬体系。按照以岗定薪和"稳住基本、加大激励、分步实施"的原则[③]，探索建立人员整体入轨、薪酬适度增长、薪酬标准与绩效考核挂钩的运作机制，建立全员绩效工资薪酬体系，薪酬由基本工资和绩效奖励两部分组成[④]。薪酬总额实行薪酬包管理，包括基本薪酬（岗位工资）包、绩效薪酬（绩效工资）包。改革伊始，基本工资占60%，绩效工资占40%，先考核后发放，并逐步加大激励部分的比重。根据实际运转情况逐步将基本工资调整到40%，绩效工资调整到60%，由6∶4过渡到4∶6。

---

① 范捷. 改革开放激发园区内生力[N]. 中国企业报, 2019-08-27.
② 改革开放激发园区内生力：中国园区体制改革创新系列报道[EB/OL]. http://www.zqcn.com.
③ 李鲜鲜. 任城新材料产业园区差异化竞争战略研究[D]. 济南：山东财经大学, 2018.
④ 肖梅. 关于烟台园区建设创新的几点思考[J]. 新西部, 2019（32）：56+55.

第三，建立附加薪酬制度。对做出突出贡献的人员另行制定办法进行激励，对业绩特别突出、表现特别优秀的人员给予超额奖励，实现薪酬管理由"铁工资"向"活薪酬"转变[①]。部门单位主要负责人有权对部门副职及科长提出奖励意见，科长也可以对科室主办人员提出奖励意见。

（三）强化专业化市场化招商

潍坊市鼓励开发区选聘专业化招商人才，组建多个以外向型招商引资为核心的招商单元，构建"产业招商机构+项目服务中心产业园区"的专业化市场化招商体系；对开发区发展特殊需要的高层次人才可实行特岗特薪、特职特聘，将省外和外籍专家、招商人员等纳入职员管理，实行协议工资制。

1.构建专业化招商体系

滨海开发区构建了"合作发展促进局+招商发展集团+产业园区分公司"的"1+1+N"招商体系，率先组建了全市第一家政府主导的专业招商平台，即滨海招商发展集团。根据产业分工，成立了五个专业招商部门加外资招商部。

招商发展集团主要从四个方面改革创新运营模式：一是建立法人治理、高效运转的企业制度，二是建立与能力、业绩相匹配的薪酬体系，三是建立能上能下、奖勤罚懒的激励机制，四是组建了一支目标明确、专职专注的招商队伍。

2.创新专业化招商机制

通过创新用人、考核、激励等管理手段，滨海区建立起科学合理、充满活力、高效务实，更加适应当下招商引资工作发展需要的工作机制，形成了联系一批、谈判一批、签约一批、建设一批的项目招商格局。

---

① 孙希明.踏上创新发展新征程[N].潍坊日报，2018-01-24.

3. 加强专业化招商培训

滨海开发区进一步加大招商技能培训，以如何提高招商实战工作能力为主题主线，聘请谷川联行等专业机构制订全年学习计划和每周学习方案，采取请进来培训和以会代训等方式狠抓教育培训，确保招商公司全员及招商工作能力得到不断改进，迅速提高团队整体招商技巧与招商能力，加快项目推进力度。

（四）推动产业特色化发展

潍坊市鼓励开发区完善企业化运营、市场化运作，加快建设特色鲜明的区中园、园中园，推动个性化、差异化发展实现新突破；围绕主导产业提供专业化服务，对开发区主导产业链条项目和符合产业规划的战略性新兴产业项目予以优先立项。引导各县市区政府出台政策，对开发区确立的首位产业和符合规划的战略性新兴产业进行扶持，实施精准配套服务。潍坊滨海开发区进一步明确了滨海新城"一三三四"即"一城、三中心、三基地、四区"的功能定位，努力打造新兴高端产业的聚集区。

潍坊滨海开发区科教创新区依托职业教育及产业优势，产学研一体化步伐明显加快，计划投资10亿元，规划建设蓝色经济公共研发中心，组建盐化工、海洋生物医药、海洋科技信息等十大公共研发服务平台，启动盐化工、信息服务平台建设，为培育和发展蓝色经济提供强力科技支撑。

潍坊滨海先进制造业产业园主要发展装备制造、机械电子、新型材料等高新技术和先进制造业项目，截至2018年，已引进潍柴重机、弘润石化、新和成药业等151个项目，总投资450亿元。

2018年潍坊滨海高端石化产业园获省政府批复为《鲁北高端石化产业基地发展规划》十大高端石化园区，聘请石油和化学工业规划院编制完成了《潍坊滨海高端石化产业园总体发展规划》，实行"四个工作日"制度，加快推动弘润重芳烃、弘润原油保税超市、新和成产业园、石化盐化一体化等重点项目建设；同时，积极向上级部门沟通请示，为大项目争取煤炭、能耗指标。

（五）打造开放型经济发展先行区

滨海开发区坚持以党的十九大精神和习近平新时代中国特色社会主义思想为指引，认真贯彻落实市委市政府《关于推进新一轮高水平全面开放的政策措施》文件精神，统筹利用国内国际两个市场、两种资源，切实做好稳外贸稳外资工作，积极培育对外贸易竞争新优势，不断提升利用外资规模和质量，加快拓展对外经济合作空间，着力进行体制机制改革创新，重点推进新旧动能转换重大工程，努力打造开放型经济发展先行区。

第一，进出口贸易增长迅速。2018年滨海区全区完成进出口总额194.95亿元，同比增长14.7%，增幅高于全市3.6个百分点。其中出口116.1亿元，同比增长14.8%；进口78.85亿元，同比增长14.5%。

第二，全区新设立太平洋东亚电力、六象资产管理、美洋融资租赁、埃尔多瓦航空、御璧建材销售、全盾新材料等11家外资企业；完成实际到账外资11亿元，同比增长43.4%。

第三，积极鼓励优势行业和重点企业加大对外投资，特别是加大对"一带一路"沿线国家投资，扩大和深化境外资源开发。新备案的海王化工吉布提ASSAL盐湖项目，获得阿萨勒盐湖溴资源的独家开采权，被《人民日报》予以专题报道。2018年，全区境外实际投资总额1358.2万美元，同比增长2115.7%。

第三节 潍坊综合保税区开放发展战略实施

2018年，在潍坊市商务局的大力支持帮助下，潍坊综合保税区物流管理中心坚持改革创新,坚持政策服务,重点推动商务工作开展,奋力建设省内示范、国内一流综合保税区。

一、综合保税区开放发展实施措施

(一)积极应对严峻外贸形势

2018年,综合保税区实现进出口额64.87亿元,同比下降29.7%,主要是受歌尔电子VR智能头盔更新换代影响,歌尔电子进出口额大幅下滑拉低了全区进出口额。面对不利形势,综合保税区高度重视,积极应对严峻形势。

一方面,积极帮扶歌尔电子发展。综合保税区多次召开工作会议,协调海关、税务等部门解决歌尔电子因国家政策、税率调整遇到的困难,推进歌尔电子争取知名品牌游戏机项目订单,力促企业外贸业务顺利开展。

另一方面,多方挖掘外贸增长点。综合保税区相关部门经常走访企业,解决企业遇到的外贸难题。协调解决中外运棉花仓储难题,组织区内棉纺企业和物流企业,合理调整可利用的仓库空间,承接了1万吨棉花的存储订单;协调解决华奇棉花出区关区配额限制、棉籽出区执行优惠关税税率等问题,保障了华奇籽棉进口业务稳定增长。

(二)努力推进功能政策创新

综合保税区充分运用国家赋予的各项功能政策,认真研究自贸区及海关创新功能政策,深入研究政策落地可行性。

第一,根据海关监管要求,升级改造综合保税区主卡口。综合保税区新安装IC卡识别系统、集装箱号识别系统、光学车牌识别系统等智能化设备,加快推进实施保税检测维修、货物按状态分类监管、区区流转、卡口人性化管理等政策。

第二，全力向国家争取发展平台，服务全市开放发展。综合保税区先后获批进口肉类、冰鲜水产品指定口岸，2019年1月25日，进口肉类指定口岸通过国家验收，服务全市及周边区域肉类食品加工及进出口企业，并与潍坊港共同申报进口粮食口岸，引进进口粮食加工项目。

第三，积极争取增值税一般纳税人资格试点。进一步促进区内企业充分利用境内境外两种资源、两个市场，增强企业竞争力。2019年1月31日，国家税务总局、财政部和海关总署联合公告，赋予潍坊综合保税区增值税一般纳税人资格试点。

（三）全力推进保税北区验收

2018年，综合保税区管委会将保税北区建设验收工作作为重点工作来抓，抽调专门力量现场盯靠，抢抓北区建设验收工作。

第一，进一步做好保税北区各类监管设施建设。综合保税区先后完成了智能卡口、隔离围网、视频监控、信息化数据机房、监控指挥中心、海关服务大厅等监管设施的招投标、建设施工、现场验收等工作。

第二，顺利完成保税北区信息化系统建设。综合保税区先后安装配备了卡口管理系统、海关辅助管理系统、海关金关二期通关系统、周界围网视频监控系统、大型通道式核辐射检查系统等软硬件设备。

第三，进一步加强与海关部门的对接协调。综合保税区多次向海关总署和济南海关汇报北区建设情况，积极推动北区验收工作的开展，保障北区验收工作顺利按期推进。

第四，全程参与北区预验收和正式验收。在2018年6月北区预验收和9月正式验收期间，综合保税区全员参与北区验收，全力做好北区现场检查、验收材料、会场筹备等各项工作。

（四）组织参加大型商务活动

综合保税区积极组织企业参加大型商务活动，帮助企业拓展业务：一是组织企业参加了潍坊发展大会、风筝会、中日韩产业博览会、鲁台会、农商互联大会、广交会、进博会等大型节会活动；二是组织企业参加了青岛自贸区政策、跨境电商进万企、新旧动能转换工程等培训活动；三是组织企业参加了长三角招商、珠三角招商、北京非首都功能项目招商等大型招商活动。

在各大型商务活动期间，综合保税区积极组织企业参与招商洽谈、项目对接，广泛宣传综合保税区的功能政策和招商政策。

（五）严格按要求完成各项商务工作任务

综合保税区严格按市里要求，完成各项商务工作任务：一是做好商务业务审批工作，2018年共办理外商投资备案2笔、对外贸易经营者备案12笔、生产能力证明8笔。二是按照上级部门要求，积极做好外贸、外资、外经、开放办、电商、物流、园区办等各科室及省商务厅自贸区处交办的各项任务。

二、综合保税区开放发展存在的制约

综合保税区开放发展存在的制约有如下两个方面。

一方面，重点企业依存度过高。2018年综合保税区入驻的大项目少，中小项目不够密集。除歌尔电子外，仅有佩特来电动机、华奇籽棉加工等少数中等规模的项目。歌尔电子外贸业务量占全区进出口额的80%左右，一旦歌尔电子业务下降，则其他企业的进出口额无法弥补歌尔电子带来的逆向拉动。

另一方面，新业态发展不足。2018年综合保税区业务主要以保税加工、保税物流为主，外贸新业态和增长点不多；跨境电商、研发检测等新业态、新业务尚未实际开展。

三、综合保税区开放发展实施重点

（一）努力做好全区外贸外资工作

提前谋划综合保税区外贸及外资形势，及时调度外贸情况，挖掘新增长点，加大外资项目招商力度，努力完成各项任务指标。

（二）全力服务好重点外贸企业

综合保税区将重点做好以下工作：一是继续加强对歌尔电子的服务力度，协调解决企业在生产经营、政策变化、业务拓展等方面遇到的困难，全力助推歌尔电子加快发展，扩大进出口业务；二是建立企业调研机制，每月至少1次走访企业，及时了解佩特来、华奇棉花、中外运等重点加工、物流企业在生产、经营过程中遇到的问题，努力协调解决企业难题，保证综合保税区主要外贸增长点。

（三）积极推进政策和业务试点

贯彻落实国发〔2019〕3号文件精神，充分利用21条政策，抓住国家政策机遇，把综合保税区打造成高水平开放平台。

一是宣传增值税一般纳税人政策，帮助有需求企业申请资格试点并开展业务。二是争取在济南关区首批落地跨境电商零售进口政策，搭建跨境电商综合服务平台，正式开展跨境电商业务。三是对接全市大型企业和科研机构，利用保税研发政策带来的成本优势，鼓励企业入区开展业务，建设研发设计、检测维修创新中心。四是配合保税北区与阿里巴巴、上交所对接，在保税北区建设保税仓库，进口天然橡胶保税仓储，开展期货保税交割业务。

（四）完善口岸服务功能

综合保税区将重点完善以下服务功能：一是协调济南海关、口岸办，完善海关金关二期特殊区域管理系统与潍坊港物流系统的功能对接，实现企业一次报关、一次查验、区港放行。二是配合北区与山东高速对接，在潍坊港申报建设进口粮食、种苗指定口岸和汽车整车进口指定口岸。三是协调济南海关，推动进口肉类指定口岸尽快开展业务，在北区设立进口肉类直通查验场，通过潍坊港开展业务。

第四节　潍坊寿光市开放发展战略实施

潍坊寿光市认真学习贯彻落实潍坊市委市政府《关于推进新一轮高水平全面开放的政策措施》，通过政策宣讲会、企业调研等方式积极进行政策宣讲，并及时制定配套政策，起草了寿光市《关于进一步加大对外开放力度的政策措施》，鼓励企业加大开拓国际市场力度和走出去步伐。

一、强化保障，增强开放发展支撑力

强化保障，增强开放发展支撑力，具体体现在以下几个方面。

第一，强化政策引领。寿光市制定出台了《寿光市促进外经贸工作发展的意见》《寿光市推进电子商务发展的意见》等一系列政策文件，从参展参会、国外商标注册、金融等多个方面对外贸企业等进行补助和奖励，鼓励企业"走出去"、做大做强。

第二，加强组织保障。寿光市成立了全市开放发展工作委员会，由市委主要领导任主任，市政府主要领导、分管领导任副主任，各镇街区、市直相关部门主要负责人任成员，高标准推动全市对外开放发展工作。委员会成立以来，按照潍坊市开放发展大会精神要求，将开放发展同新旧动能转换、产业结构调整等有机结合，层层压实任务，推动对外开放向更高水平发展。

第三，完善服务机制。寿光市成立了行政审批服务局，对全市涉外审批、服务流程等事项进行了梳理优化，真正实现了"一站式""窗口式""互联网＋商务"的一条龙服务模式，打造了国际化仿真软环境；对外资企业实行"服务大使制度"，进一步提高了服务水平和质量，开放发展服务环境得到不断改善。

二、多措并举，构建全方位开放发展格局

多措并举，构建全方位开放发展格局，具体体现在以下几个方面。

第一，境外投资合作档次不断提升。寿光市主动对接"一带一路"、韩澳自贸区等国家规划，加快"海外寿光"建设，积极引导企业设立境外生产线、研发中心、分销中心等，提升跨国经营能力。2018年5月寿光市组团随省商务厅赴俄罗斯、白俄罗斯、匈牙利进行项目宣传推介，加强了寿光市与"一带一路"沿线国家的经贸往来与合作，初步达成了万亩中白现代农业产业园、寿光蔬菜国际贸易平台、进出口泥炭合作开发等项目合作意向。截至2018年，全市共设立境外企业40余家。

第二，国际品牌培育初见成效。寿光市积极引导企业积极开展马德里体系、欧盟知识产权局、比荷卢联盟等境外商标注册和PCT专利申请，增强国际品牌竞争力。2018年，完成马德里国际注册商标6件，已累计注册、提报马德里国际注册商标36件；全市共有墨龙石油机械、千榕家纺、金丽进出口、默锐科技、跃龙橡胶5个出口名牌。

第三，产业合作向纵深发展。寿光市农业科技合作取得新的进展，蔬菜产业集团与荷兰韦斯特兰种子公司共建的"设施园艺及蔬菜育种国际科技合作示

范基地",获批山东省首批品牌国家科技合作基地,全市外向型农业产业化骨干龙头企业达到3家。

三、积极优化,打造一流营商环境

2018年以来,寿光市扎实开展"双联双帮"活动,打造一流营商环境。

第一,送政策进企业。实行上门一对一服务,送政策,听意见,解难题。通过对企业进行走访调研,了解企业在外贸进出口等方面遇到的困难、难点,向企业宣讲进口贴息、展会补贴等实际性政策。

第二,加强企业培训,提升外贸人才素质。为进一步加强寿光市外贸企业对电子商务和互联网时代营销的理解与把握,在新的经济形势下抢抓外贸企业海外新兴市场发展机遇,2019年3月27日寿光市商务局联合寿光海关、税务局等部门举办了优惠政策宣讲会,各镇街分管负责同志、外资和外经贸企业负责人共计100多人参会。通过这次宣讲,提高了企业的业务能力和政策水平。

第三,全面落实外资备案及服务大使制度。寿光市实现外资企业设立"一口推送"办理,切实减轻企业负担。服务大使上传下达,为企业提供全方位"保姆式"服务。

四、积极帮助企业应对国际贸易摩擦

2018年5月,美国政府宣布对从中国进口的含有"重要工业技术"的500亿美元商品征收25%的关税。总体来看,此次公布的清单主要针对中国的2025战略行业,具体为航空航天设备、高铁装备、新一代信息技术、农机装备、数控机床和工业机器人、生物医药和医疗器械、新能源和新材料、船舶和海工装备,共涉及寿光市山东墨龙石油机械股份有限公司、山东祥生新材料科技股份有限公司、山东寿光市坤隆石油机械股份有限公司等15家企业。

2018年7月，美国政府又宣布对原产于中国的2000亿美元的产品加征10%的关税，2019年1月1日起关税提升至25%。这份清单既包括化学品、药品、电机电器设备等高端制造业行业，也包括木制品等低端制造业以及食品、家具等消费品[①]，共涉及寿光市木制品、化工、纺织、塑编等行业，包括山东晨鸣纸业集团股份有限公司、寿光市富士木业有限公司、寿光市金地工贸有限公司等96家企业。

（一）国际贸易摩擦对外贸企业造成的影响

国际贸易摩擦对外贸企业造成了以下几方面影响。

第一，利润大幅下降，出口订单大幅减少。由于美国加征25%的关税，美国客户要求降价，直接导致企业利润下降，订单大幅减少或直接取消订单。例如寿光市白龙马经贸有限公司主要以出口板材为主，因此次美国征税，部分客户要求货物降价，部分客户中断了订单，导致不仅利润大幅减少而且订单减少了50%，2019年1—9月该企业对美出口额278万元人民币，同比下降了79%；寿光市中源建材有限公司原定出口美国的连锁商超货柜订单2019年已全部取消。

第二，美国采购商转移，企业丢失美国市场。寿光市千榕家纺部分低端服装、家纺客户已经开始往东南亚市场转移，订单大幅减少；健元春部分美国客户受此影响，开始接触该企业的竞争对手，采购市场向东南亚、印度等国家缓慢转移，部分客户的订单明显出现萎缩。2019年1—9月该企业对美出口额10 735万元，占企业出口总量的71.7%，美国订单减少，势必影响整个企业的出口情况。金盾轮胎也因客户接受不了税率和价格，停止订货，该企业2019年已基本停止对美出口，2019年1—9月金盾轮胎对美出口868万元人民币，同比下降了73.6%。

---

① 傅向升.贸易战硝烟难尽,石化行业未来如何应对[J].中国石油和化工,2018(12):4-7.

第三，原材料价格上涨，成本增加。受中美贸易摩擦影响，2019年人民币汇率下降，造成部分进口原材料价格上涨。例如纺织企业，中国的对二甲苯基本全部依靠进口，该项产品是生产涤纶纱线的主要原料，受汇率影响，进口对二甲苯的价格上涨，从而造成涤纶纱线价格上涨，寿光市的东方针织有限公司表示已经快买不起纱了。2019年下半年化工原材料溴素供应紧张，价格上涨至历史最高点，产品价格居高不下，寿光市卫东化工预计出口比上半年减少30%。

（二）寿光市助推企业应对贸易摩擦策略

针对国际贸易摩擦情况，寿光市及时开展调查研究，写出调研报告报告市委、市政府；积极健全国际贸易预警机制，妥善应对处理各种摩擦；加强与上级商务部门的联系，及时应对境外发起的反倾销、反补贴，主动防范国外企业对我国进行的倾销和恶意竞争。

2018年，寿光市商务局为寿光市墨龙石油机械、昊华轮胎、福麦斯轮胎和巨能特钢申请了国家贸易摩擦补贴资金23.73万元。2019年3月26日，美国橱柜联盟对从中国进口的木制柜子和洗手台进行了反倾销反补贴调查，寿光市商务局及时通知了童安木业、三洋木制品等8家企业，指导企业积极应诉，帮助企业积极应对国际贸易摩擦。

第五节　潍坊诸城市开放发展战略实施

诸城市深入贯彻落实党的十九大精神，践行习近平新时代中国特色社会主义思想，加快全市新旧动能转换，以开放保改革、促转型、保发展，形成全面开放新格局。

诸城市开放发展的任务目标为：2019年，围绕诸城市开放发展始终走在全省前列这一目标，更深层次拓展经济社会领域开放发展，优化本市区域开放布局，助推产业转型升级，用开放发展来推进新旧动能转换，通过培育一批特色园区、产业基地、跨国公司、知名品牌，形成以外向型企业为主体、专业性平台为载体、复合型人才为支撑的对外开放新格局。外贸进出口增长8%以上，利用外资增长10%以上。

诸城市开放发展战略的实施重点如下。

一、打造开放发展新平台

诸城市充分发挥全市各类平台的聚集载体效应，做好功能定位，完善产业配套，搞好资源配置，服务产业集群，加快提升平台国际化水平。

（一）保税物流引领平台建设

积极发挥保税物流中心作用，推动保税物流中心、中储棉直属库、青建奉凰供应链等项目建设，发展国际物流保税仓储业务。大力发展诸城市保税仓储、大宗原材料分拨配送、国际商品交易展示等业务。2019年，实现棉花等大宗商品储备额15万吨以上，入驻企业20家以上，保税物流中心实现进出口总额6亿元。

（二）电子商务交易平台推广

持续推广"特色产业集群+自主品牌+跨境电商平台+外贸综合服务企业+海外仓"模式，探索诸城市跨境电商综合实验模式。引进"云仓购"平台，建设电子商务公共服务平台和诸城产品库，组织本市优秀企业上线开展网络销售。

积极与阿里巴巴产业带、阿里巴巴国际站、全球贸易通对接，建设诸城产业带旗舰店、阿里巴巴直播基地、电子商务孵化中心，开展示范创建工作，培训电商人才。利用贸易便利化服务功能，推进诸城市企业开展跨境电商出口业务，2019年，跨境电商平台合作企业达200家以上，培育网络销售标杆企业5家，网络销售额同比提高15%。

（三）开发区开放载体平台建设

积极与境内外先进园区、大财团、大机构、大企业开展合作，持续招引世界500强企业、中国500强企业、行业"隐形冠军"企业，加速发展服务贸易和服务外包。借助开发区新旧动能转换试验区的先行先试作用，带动诸城市开放发展迈上更高台阶。以开发区龙头企业为依托，加快形成主导产业集群集聚发展长效机制，以"四新"促"四化"，加大产学研合作力度，培育制造业创新中心。

二、培育国际竞争新优势

诸城市坚持创新开放发展，壮大传统优势产业的同时挖掘潜力资源，在政策引导、政府服务、产业导向等方面敢于作为，努力为开放发展营造良好环境和氛围。

（一）构建现代农业新优势

推动诸城市农业企业与德国拜耳作物科学公司、中国农业科学院、中国农业大学等科研机构合作，提高本市农业龙头企业研发水平。引进先进栽培技术，推广水肥一体化，提高农业设施利用率，实现高产高效。引进国外先进良种和标准化养殖技术，推动诸城市畜产品提质上档。2019年，培育外向型农业产业化龙头企业2家，实现农产品出口增速5%以上，取得境外农产品注册商标1个。

（二）突出制造业新优势

全面落实山东省新旧动能转换重大工程，打造国际高端制造业基地。对外贸健康食品产业园、中坛再生资源回收加工基地、美晨科技产业园等续建项目，全力加快投资进度。对航大高新能轻量化新材料、20万吨高性能胎圈钢丝、东晓2万吨赤藓糖醇等新建项目，推动项目尽快开工建设。对美晨科技产业园一期、大业研发中心、东晓氨基酸扩产等一批竣工或部分竣工项目，帮助企业及时将产能转化为经济效益。推进"机器换人"现代化技术改造，实现提质增效、内涵发展，年内重点实施桑莎高端服装面料升级改造、大业10万吨钢帘线扩产等技改项目。

加快建设北汽福田新时代55万台汽车及产业升级、艾泰克发动机后处理、美晨高端弹性体、大业80万吨钢丝帘线等重点项目，提升产业发展层次，推动工业提质增效，实现高质量发展。2019年，实施5个出口企业技改项目，力争培育出口过千万美元的企业30家。

（三）推动服务业特色优势

大力发展服务外包，组织诸城市企业参加北京国际服务贸易交易会、中国国际软件和信息服务交易会、天津服务外包年会、香港国际科技咨询博览会等知名服务贸易展会，拓展企业国际视野，推动服务业发展。2019年，积极争创省级服务外包示范园区，培育服务贸易企业50家以上，高技术、高附加值服务贸易占比5%以上。推动诸城市境外软件开发、工业产品设计、呼叫中心等项目建设，实现离岸服务外包营业额1亿元。

三、拓展国际合作新空间

实施国际合作"五新"战略，以创新驱动为导向，以质量效益为重点，引导诸城市企业加快培育以技术、品牌、质量、服务为核心的国际竞争新优势，更好更快地融入全球产业链、价值链和供应链分工。

（一）创新国际合作新模式

引导有实力的企业采取"借船出海"等方式，与中建、中土等央企合作，参与境外基础设施投资和能源资源建设，推动诸城市境外承包工程发展。支持诸城市企业整合自身优势资源，通过国际并购、直接融资、绿地投资、增资扩股等方式，积极吸收境外资本、管理理念、先进技术、高端人才。

引导企业通过联合创投基金、海外研发中心、技术联盟等方式，借助外力提高科技创新能力。鼓励企业做好风险控制和市场分析，找准目标定位，优化资源配置，不断寻找目标客户，开辟新的发展空间。2019年，实现3家企业与跨国公司开展多形式的战略合作。

（二）推广国际合作新项目

建立与国外大财团、大公司、大商社之间的常态化交流机制，强化项目合作，开展个性化、量身定做式项目推介，以项目带动突破，以重点项目带动全局发展。推动诸城市企业深度对接国际项目，发挥大项目的带动作用，重点以现代农业、先进制造业和新兴产业及服务业等行业为主，突出包装诸城市产业升级关联度高、辐射面广、带动能力强的龙头型、基地型、战略型项目，在境内外重大招商活动中进行推介。2019年，共推介8个国际合作新项目。

（三）引入国际合作新人才

以千人计划科创园、超然首新空间、张江众创空间、金盛元众创空间为依托，广泛吸引高端人才来诸城工作。以人才创新创业基地、科技成果转化基地、产学研合作基地、科技型中小微企业孵化基地为支撑，打造人才发展交流平台。

2019 年，建立涉外高端人才信息库、诸城海外人才工作站、山东海外华侨投资创业基地、山东中华文化传承基地。发挥诸城市 5 处"诸城海外人才工作站"作用，开展山东省海外华商博士投资创业合作交流，引进"两院"院士、"千人计划"、泰山产业领军人才等科技领军型人才 6 名。

四、完善国际合作新布局

诸城市积极引导企业开展全球布局，通过深化全球价值链合作，提高资源配置能力，积极融入全球产业分工，更好地利用全球资源和市场。

（一）深化东欧、东盟合作

深度推动与俄罗斯、波罗的海三国资源开发回运，推动松源木业西伯利亚公司扩张，桦林木业俄罗斯卢加市林权并购，松源木业与波罗的海三国木材采购，提升境外森林资源合作水平和规模。帮助企业提高融资能力，利用好各级境外资源回运等政策性扶持资金，帮助企业购买、租赁境外优质森林资源。加快柬埔寨桑莎工业园第二期建设，引导企业实行分流接单，将订单中附加值高、工艺复杂的接到国内，将附加值低、工艺简单的转移到东盟地区的境外企业，实现企业良性发展。

诸城市进一步提升与"一带一路"沿线国家合作水平，推动优势产能境外合理布局，鼓励企业加速发展总部经济，引导企业境外利润迅速回归，促进"走出去"与"引进来"协同发展。2019 年，诸城市企业境外森林资源获权面积 5 万公顷（1 公顷等于 0.01 平方千米）以上，回运各类木材 25 万立方米。

（二）引进国际机电研发技术

积极引进和吸收国外先进地区机电研发技术，加速诸城市企业转型升级，提升诸城市机电产品档次，提高机电产品出口附加值。推动东宝重工并购芬兰塔沃公司等项目，通过引进专家、转让技术、项目合作等方式，将先进技术和人才逐步向国内企业转移，带动诸城市企业将技术引进与企业转型升级紧密结合，加速新旧动能转换，促进本市机电产品出口快速增长。2019年，实现机电产品出口占比达10%以上。

（三）拓展与欧美、日韩等区域合作

加快桑莎日本检通、东晓生物韩国营销中心等项目发展，扩大农产品、化工、纺织服装等传统产品出口，推动东晓生物科技公司美国洛杉矶东晓项目，实现诸城市农产品精深加工国际研发合作。借助迈赫机器人和日本安川电机合作契机，加快引进先进技术和管理经验。引导企业继续深耕日韩市场，借助其市场资源和贸易优势直接打通欧美市场。

推广与美国、德国等市场成熟度好、生产技术先进国家的国际合作新模式，充分利用市场广阔和成熟的特点推动诸城市产品出口。进一步强化创新能力合作交流，加速引进先进技术和生产标准，借助国外先进研发能力，将诸城市企业价值链向联合设计研发、市场营销、品牌培育等高端环节延伸。

第二章

新旧动能转换下典型区域优化营商环境实践探索

第一节 潍坊高新经济开发区优化营商环境实践探索

潍坊高新开发区认真贯彻落实全市深化"作风建设年"大会精神,围绕"一次办好"改革目标,不断改善政务服务环境、深化行政审批制度改革,全力打造优质高效的政务服务软环境,全区政务服务工作取得新进展。

一、深入推进简政放权,提升政务服务水平

(一)梳理公布"一次办好"事项清单

高新区将梳理公布"一次办好"事项清单作为全面推进"一次办好"改革的重要抓手,聚焦突出问题、实施重点突破,在前期税务部门已发布的190项"一次办好"事项基础上,组织有关部门对在大厅办理的356项审批服务事项进行全面梳理、排查、界定。召开座谈会统一思想、明确任务、限时销号,通过优化流程、部门联动、链条办理、授权快递等措施全部实行"一次办好",印发了《关于公布潍坊高新区政务服务大厅"一次办好"事项清单的通知》(潍高办字〔2018〕65号),实现"一次办好"全覆盖。

(二)清理规范审批服务事项

按照市政府对市县行政许可事项进行调整的文件要求,高新开发区重新修

订《潍坊高新区行政许可事项通用目录》《潍坊高新区政务服务事项目录》《潍坊市政府部门文件要求高新区进行初审或审核的事项目录》三个目录，进一步划分事项类别、明确承诺时限，梳理纳入行政许可事项150项、政务服务事项287项，其中需高新区进行初审或审核的事项43项。规范后的事项目录以《关于调整潍坊高新区行政许可事项通用目录等三个目录有关事宜的通知》（潍高办字〔2018〕4号）对外公布实施，实现了行政许可和政务服务事项省、市、区三级统一。

（三）清理规范中介服务项目

为切实解决行政审批中介服务存在的耗时长、收费乱等问题，按照市编办《关于印发〈县级政务服务事项中介服务项目参考目录〉的通知》要求，经各部门自行梳理、中心集中审核，高新区编制印发《关于公布潍坊高新区区直部门（单位）政务服务事项中介服务项目清单的通知》（潍高管字〔2018〕13号）。

此次清理规范中介服务共关联44项政务服务事项的70项子项，其中行政许可34项、公共服务2项、其他权利4项、其他9类行政权力30项，最终将涉及9个部门（单位）的31项中介服务收费项目纳入清单。其中2项中介服务事项收费根据高新区社会机构中介库招标决定，服务时限根据高新区社会机构中介库招标决定，其余29项中介服务事项收费均按照市场调节价收取，服务时限由双方协商约定。

二、深化"一次办好"改革，提高政务服务效能

（一）改革再提速，政务服务"一窗受理"

高新区从2018年启动了以"受审分离"为主要内容的"一窗式"政务服务改革，将前台工作人员划转到政务服务中心，打破业务部门既是"运动员"

又当"裁判员"的状态,前后台按照标准化的受理清单办理业务,变"弹性审批"为"标准审批",变"分头跑、挨个办"为"一事一窗,一次办好"。

在完成事项梳理、区域划分、硬件设施配备、受理队伍组建、规章制度建立等改革任务基础上,2018年,高新区重点强化了以下两方面的工作。

一方面,强化标准化建设。高新区进一步规范申请条件和受理清单,邀请职业律师全程参与,只要没有法律法规依据的申请材料一律取消,逐步压减办理业务的自由裁量空间,实现综合受理、业务审批流水线作业,让企业和群众办事真正走上快车道。

另一方面,加强信息化支撑。线上对网上办事大厅进行了升级,开发了按情形申报、免费快递登记、办理进度查询等个性化功能,完善一窗综合受理模块的功能,实现申请材料跨部门网上流转、数据共享、全程留痕;线下升级新版叫号排队系统,同步支持微信叫号及查询排队人数,使取号办事更简单、更直观、更便捷。

(二)审批再提质,关联事项"一链办理"

高新区从2018年3月开始推行的整链条一窗综合办理改革,也就是"一次办好"改革方案里提出的"一链办理"改革,是高新区在全国首创的一种办理模式,在2018年7月30日曾被中央电视台《新闻联播》报道,并且在省、市电视台及各级媒体陆续报道。

改革的核心是从群众办事的实际需求角度出发,围绕群众办一件事,而不是以部门公布的事项为一件事,按照"一窗受理、内部流转、同步审批、统一出件"的原则,将分散在多部门又相互关联的业务进行跨部门整合,通过"搭积木"式优化方式,重新绘制一链办理流程图,变传统的一事一流程为多事一流程,变"多窗往返"为"一窗受理"。办理时限平均压减93%,申请材料平均压减33%,实现办事群众"跑一次腿、办多个事"。截至2018年,高新区已经梳理并运行了开办类、民生类等24个一链办理事项。

（三）效率再提高，政务服务"一网通办"

高新区全面推进政务服务平台向街道、社区延伸，为各街道、社区接通电子政务网、配置办事流程、分配账号权限、组织业务培训，在区政务服务平台上开发一窗综合受理模块，建立起"申请要件网上多向流通、过程信息网上共享、审核结果网上反馈"的办理机制，将职能部门和第三方机构提供的所有服务事项，全部纳入政务服务平台运行，办件信息自动流转，办理结果自动告知，变"群众跑腿"为"数据跑路"[①]。同时，政务服务平台向高新区4个街道和34个社区全部延伸到位，实现政务服务平台省、市、区、街道"四级联通"。

三、拓展便民利民渠道，优化政务服务效率

（一）不断拓宽免费证照快递范围

高新区针对身份证、营业执照、公章、各类许可证、社保转移等业务进行了对接和调整，完善政务服务平台EMS专递模块，企业和群众在网上提交办件申请时可自愿选择免费证照专递服务，也可在窗口办理业务时选择免费证照专递服务，切实让百姓体验到"一窗受理、统一出件、足不出户、邮政送达"的便捷服务。2018年全年，高新区通过网上办事大厅发出免费证照快递7356件。

（二）不断完善政务服务热线功能

为方便办事群众咨询业务，高新区在整合8191311政务服务热线的基础上，开通了市场准入业务的24小时自助电话语音咨询，类似于拨打银行和移动公司电话，只要拨打8191311，根据语音提示按下不同的数字键，即可自动播报咨

---

① 马林峰. 高新区"动真碰硬"优化营商环境[N]. 潍坊日报，2019-03-14.

询问题的解答，确保群众和企业拨打电话"有人接、态度好、问得清"。2018年全年，共受理电话总量47 014件，在线答复39 656件，转接处理7358件，咨询回复率达86.96%，知识库在线答复率100%。

（三）充实24小时自助服务区设备

高新区已配置各类自助服务终端21台，实现社保查询及办理、不动产查档及打证、港澳通行证签注、居民身份证办理等35项业务全天候自助服务。特别是在全市率先增设的二代身份证自助申请机、自助拍照机和领证机，不动产权证自助发证一体机等设备，极大地方便了群众办事。近期，将进一步增设市场登记智能自助设备3台，可全天候提供名称自主申报、企业设立登记、营业执照打印、企业基本信息打印、电子营业执照下载等自助服务。

（四）率先在全省实现移动支付缴纳非税收行政事业性收费

高新区通过与建设银行高新支行的深度合作，从2018年8月14日开始，在大厅现行的13项非税收行政事业性收费（身份证证件费、户籍工本费、出入境工本费、不动产登记费、公租房水电暖房租、土地出让金、水土资源费、道路挖掘修复费、人防建设费、基础设施配套费等）全部支持微信支付。支付宝缴费也正式上线，让群众感受到用手机随时随地自助缴费的便利。这项便民措施一推出，现在90%的缴费都是通过微信扫码支付，非常受办事群众欢迎。

四、高新区清池街道改善营商环境实践探索

高新区清池街道办事处在推进新一轮高水平全面开放的政策措施中，主要以改善街道营商环境为抓手，除了做好现有落户项目的后续保障服务外，还继续发扬"与企业家赛跑"的精神，加大项目民事清障力度。

街道党委在"三清"行动的基础上,研究实施了"八路推进"行动,全面打响征迁清表总决战。街道实行一日一调度、一周一通报,开展管区、社区间拆迁清表评比竞赛,激发街道上下不甘落后、你追我赶、奋勇争先的干劲和热情,激励街道干部勇于创新、善于担当、各显神通、屡创佳绩。

2018年全年完成重点项目127个,累计拆迁清表16 064户,占年度计划1.5万户的107%,拔除"钉子户"3911户。包括盛瑞8AT配套产业园二期、歌尔租赁地(王家庄子、河洼地块)、高创公寓二期、西里固78亩歌尔用地、中央商务区学校、高新区法院审判法庭、志远路、梨园街、福寿东街、宝通街辅道及排水工程等在内的市区重点项目,全部完成民事清障任务。组织集中行动39次,拆除违建938处、7.5万平方米,西清周转房、原清池中学宿舍楼、街道东家属院等一批"长钉子"实现"闪电"拆除。提前圆满完成清池34个村居、14 968户的历史性棚改"清零",更是创造了20天完成22个社区清零的奇迹。2018年下半年,街道瞄准"五个百分百"清零任务,相继启动"张面河流域大会战""鏖战50天,打赢'五清'总决战"等专项行动,再掀拆迁清表新高潮。截至2018年,共完成散乱污企业、小作坊、养殖户、违法建筑及13个村办工业园"五个百分百"清零,累计完成2766户。

上述举措为清池街道的"双招双引"工作腾出了空间,下一步,清池街道将进一步完善街道干部包联企业制度,积极协调、主动服务,当好企业"店小二",为企业发展壮大提供服务保障。

五、高新区"服务大使"制度实践探索

近年来,高新区全面落实外商投资企业"服务大使"制度,服务范围覆盖全区所有现存外商投资企业,为外商投资企业营造一流营商环境,不断提升利用外资水平。

（一）"服务大使"制度实施现状

目前，"服务大使"制度的实施情况如下。

第一，完善产业政策体系。高新区制定了《潍坊高新区关于支持新兴高端产业发展的若干政策》（潍高管发〔2018〕12号）文件，鼓励外商投资企业来我区投资创业，不断加大对区内外投资项目的支持力度。

第二，深入开展赴企调研。以外资、合资企业为重点，先后到潍柴动力、歌尔股份、卡麦龙、凯美食品等外资企业调研20余次，并召开座谈会，现场了解企业最新发展情况，做到事不过夜、案无积卷。传授讲解上级一系列政策红利，鼓励企业抓住机遇上项目，增强发展信心，深挖增长潜力。

第三，实现"服务大使"全覆盖。全面落实外商投资企业"服务大使"制度，确定7名"服务大使"人员，对全区77家外资企业进行分工包靠，协调帮助企业解决发展难题。2018年以来，共帮助潍柴动力、山东卡麦龙、华丰动力等9家企业协调解决场地建设、资金申报、政策梳理等困难和问题。

（二）"服务大使"帮扶企业典型示例

山东卡麦龙石油机械有限公司成立于2004年，是世界500强企业斯伦贝谢（Schlumberger）在中国的卡麦龙球阀制造厂，为卡麦龙亚太区唯一管线阀门制造中心。斯伦贝谢公司是全球最大的油田技术服务公司，公司总部位于休斯顿、巴黎和海牙，在全球140多个国家设有分支机构，现有员工10万多名[1]，在中国现有4400多名员工。山东卡麦龙石油机械有限公司主营产品是应用在石油、天然气工业用管道的球阀，生产工艺及产品均有较高环保要求，产品销往国际及国内市场。

公司2018年全年的产值就实现了2.5亿元，2019年仅上半年产值就接近

---

[1] 王晓辉. 法国工程师教育研究[J]. 清华大学教育研究, 2013.04（2）：36-42+49.

了去年全年的水平，公司现有车间最大产能4亿元，客户排产已经排到了下一年。公司已进入发展的高速期，但产能不足成为制约企业最大的绊脚石。一方面，公司所租赁的国光机械厂房周边已被居民楼包围，该区域正逐步实施退城进园，因此该租赁厂房2019年12月底到期后难以续期。另一方面，根据公司的长远规划，计划新增两条产值5个亿的产品线，2019年的场地、厂房、设施已经不能满足实际的需求，这样也会影响公司的进一步发展。

公司扩产增效迫在眉睫，但空间受限制约了企业发展的脚步，高新区经济发展局在走访调研过程中了解企业搬迁意向后，给予高度重视，与卡麦龙潍坊厂区负责人及相关人员进行多次商谈，并安排专人实施包靠服务，帮助企业在区内现有厂房中寻求适合企业发展需求的厂房，将企业尽可能留在高新区继续发展。但因球阀生产工艺对厂房高度、承重力及排放标准皆有较高要求，同时美国总部鉴于以往经验不愿继续租赁私营业主厂房，因此区内现有厂房难以满足美国总部对厂房的设计需求。

斯伦贝谢美国总部要求新厂房2018年年底就位，2019年完成搬迁。与企业多次商谈后，本着环保、安全、减少搬迁成本及停工等运营风险的原则，高新区决定通过"政府代建、企业租赁"的方式，即在樱前街与高五路附近建设一个新厂房，由政府投资、高创集团负责建造、卡麦龙长期租赁，有效解决了企业生产空间不足的问题。对企业而言，租赁厂房一方面可以减轻前期建厂的大量投入，另一方面可以实现发展的轻资产。对政府而言，代建厂房不仅能增强工业用地的灵活性，还能有效促进产业结构的转型升级，实现政府与企业的双赢。

第二节　潍坊滨海经济技术开发区优化营商环境实践探索

一、深化"放管服"改革，全面提升服务效能

潍坊市鼓励各县市区深化"一次办好"改革，进一步推动审批服务便民化，全力打造一流营商环境；鼓励推进综合服务平台建设，市属各开发区依托政务服务管理机构加快组建行政审批服务局，实行"一枚印章管审批"。2018年，滨海区行政审批局落实省市区"一次办好"改革要求，推进审批服务便民化，在全市率先组建行政审批局，创新实施了"一门办理、一章审批、一窗受理、一次办好"审批服务新模式，着力打造一流营商环境。

（一）行政审批权实现相对集中

滨海区集中了全区26个原职能部门的156项行政许可事项，承接了市直31个部门的198项行政许可事项，通过集中行政审批权，实现审批效能大提速。现在市级下放滨海区行政审批事项办理时间平均由9个工作日压缩到2个工作日，区本级审批事项办理时限由10个工作日压缩到2个工作日，审批办理时间整体提速80%以上。

（二）审批流程实现再造提速

滨海区对投资建设、商事、民生领域的项目审批链条进行优化整合，结合实施一窗受理，再造审批流程，实行"一口受理、同步收件、前置审查、并行办理"

的全并联审批机制[①],企业开办时间由14个工作日减至2.5个工作日,项目审批机制创新被列为全省试点。

(三)服务效能实现全面提升

滨海区实施了审批标准化建设,制定事项的办理规程、办件模板、服务方式,形成精制化、标准化的全要素办事服务指南。提供全天候急事急办随约服务,提供错时、延时服务和节假日受理、办理通道。设置24小时自助服务区,工作人员服务电话24小时畅通,实现全天候"不打烊"服务。2018年,滨海区新增各类市场主体2477户,同比增长47.5%;新增注册资本250.6亿元、同比增长15.6%,市场活力持续迸发。

二、提高投资贸易便利化水平

潍坊市鼓励开发区加速融入自贸区战略,复制推广自贸区试点经验,积极营造与国际接轨的开放型经济法治环境;鼓励加快国际贸易"单一窗口"建设,全面推行"一次申报、一次查验、一次放行"一站式作业,压缩货物通关时间。推广原产地证书属地发放,全面落实出口退(免)税企业分类管理,引导出口企业向一、二类企业靠拢,推广落实无纸化退税,进一步加快出口退税工作进度。滨海区积极采取措施,着力提高投资贸易便利化水平。

(一)落实分类管理,实施退税监管差异化

一是定期召开政策解读会,为出口企业讲解出口退税相关政策法规和分类管理相关规定。二是按照出口企业分类管理的相关规定,结合年度纳税信用等级评定结果,动态调整出口企业分类管理类别。三是严格落实褒奖和惩治措施,

---

① 袁彦奎,王卫东,宋玉龙.滨海一流营商环境助力民营企业发展[N].潍坊日报,2018-11-18.

引导出口企业向一、二类企业靠拢。

2018年滨海全区出口企业共认定一类企业4户、二类企业93户、3类企业136户、4类企业42户，通过实施差异化管理，进一步加快了退税进度，强化了退税监管，提升了出口企业纳税遵从度。

（二）创新服务举措，推广退税申报无纸化

2017年，滨海区商务局开发了出口退税无纸化凭证管理系统，并于2018年在全省推广。系统在不改变原有申报习惯的同时，将纸质报表电子化、税务文书版式化、原始资料影像化，并加盖经过数字签名的电子印章。税企双方可以通过该系统实现申报资料和税务文书的上传和下载，既减轻了出口企业办税负担、优化了退税服务，又形成了税务机关出口退税管理的电子档案库，方便了后续监管，切实提升了出口退税事前、事中、事后的管理服务质效，为充实和完善总局无纸化退税申报措施提供了信息化保障。

作为先期试点的地区，滨海区率先实现三类以上生产企业无纸化退税申报全覆盖，无纸化试点企业2018年共计办理退（免）税50 221.06万元，占同期全部退（免）税额的88%。

（三）加快退税进度，实现退税时限弹性化

滨海区进一步缩短办税时限，由原来的每月两次审批退税改为一类企业随时审批，其他企业每月4次审批；与国库代理点建立了"一对一"专人联系制度，有效压缩了退税款在途时间，极大地缩短了出口企业出口退税款的到账时间，加速了企业资金周转。

2018年滨海区共办理出口退税39 623.5万元，实现一类企业、新旧动能转换企业受理申报后，2个工作日内开具收入退还书，二类、三类企业10个工作日内完成审批，其他企业20个工作日内完成审批。

三、开展外贸转型升级专项行动

2018年以来,面对贸易保护加剧、贸易摩擦不断、国际贸易知识产权纠纷增多等复杂多变的国际形势及经济周期下行压力,滨海区积极开展外贸企业大走访活动,当面了解企业诉求,精准制定保障措施,帮助企业规避外贸风险、稳定外贸增长态势,同时开展外贸转型升级专项行动,大力发展贸易新业态新模式,充分发挥蓝色双创电商基地综合服务平台作用,以"贸易+品牌"为重点,以中央、省市外经贸资金为抓手,引导企业提信心、稳客户、拓市场,外贸态势持续稳中向好。

(一)培育壮大外贸新载体

滨海区以培育"四新"经济为重点,优化出口结构,加快外贸转型升级。大力发展"互联网+支柱产业""贸易+品牌"模式,鼓励外贸企业用好跨境电商、外贸综合服务平台等新业态,拓展双向购销渠道。加快推动潍坊滨海蓝色双创跨境电商基地建设,培育外贸综合服务企业,引领"中国化工谷"、焦易网等跨境电商平台做大做强,不断增强服务外贸企业发展能力。

2018年9月以来,滨海区新设御璧建材销售、全盾新材料、尚源世纪商务、中源未来汽车科技、艾唯尔国际贸易、欧佩特海洋工程、智绿建筑规划设计、煊煌生物科技等8家外资企业,主要分布在中央城区、中外合作产业园等园区。新备案潍坊弘润石化科技有限公司、潍坊东方红化工有限公司、潍坊健一医疗设备有限公司、潍坊汇旭经贸有限公司、潍坊佳旺塑业有限公司、山东叮当宠物食品有限公司、潍坊聚富源进出口有限公司、潍坊诺熙化工有限公司、潍坊海化天龙化工有限公司、潍坊泰丰源化工有限公司等10家自主进出口权企业,主要分布在绿色化工园、中外合作产业园等园区。

滨海区配套设施完备,热电装机容量40万千瓦,日供蒸汽8万吨、淡水

25万方，日处理污水8万吨。黄潍、烟淄、董潍三条输油管线投入使用。特别是围绕"海滨城市"建设，以集中突破中央城区为核心，先后实施了免费公交、免费15年基础教育、免费有线电视等惠民政策。北师大国际学校、上海新纪元国际学校推行幼儿园到高中一体化的高端教育。游艇码头、温泉度假酒店、文昌湖休闲中心、环球嘉年华欢乐小镇等亲水休闲项目加快建设，北京易华录智慧养老基地、华谊兄弟星剧场、海洋影视文化基地等现代服务业项目相继落户。

（二）搭建国际营销网络平台

滨海区统筹推进"特色产业集群+产品登记认证+国际营销网络"融合发展，引导区内外贸企业以客户需求为导向，与当地优势资源融合发展，快速搭建国际市场准入平台，带动企业扩大出口。区内"中国化工谷"上线运行，以7种语言面向全球推广营销，同步在阿联酋迪拜杰贝阿里自贸区设立海外仓；联兴科技建立以石油焦为主的全球唯一重度垂直贸易平台"焦易网"。

截至2018年，润丰股份已在澳大利亚、南非、马来西亚、印尼等34个国家和地区设立44家境外机构[1]，获得2000多项植保产品登记，国际营销服务网络体系辐射全球。

（三）推进外贸品牌化建设

滨海区紧紧把握"品牌高端化、高端品牌化"目标定向，推动区内骨干制造业企业向全球高端产业链攀升，实现传统优势产业转型升级、战略性新兴产业做大做强。重点做好海洋动力装备制造业基地、绿色化工循环经济示范园、海洋生物及新医药产业基地等项目建设，大力推进新兴产业产品出口，加强产品产权保护，打响外贸自主品牌"创建战"，提高出口产品质量和国际竞争力。

---

[1] 付连英. 潍坊滨海经开区利用外资量质齐升[N]. 国际商报，2018-04-27.

（四）积极拓展"一带一路"新兴市场

在中美贸易战博弈之初预先响应，滨海区及时分析 301 调查对全区外贸进出口形势可能带来的影响，利用国家开放发展战略优势，大力实施市场多元化调整。指导督促企业挖掘技术、品牌、成本、网络等既有资源，在深耕传统市场的同时，积极拓展"一带一路"沿线新兴市场，推动市场结构从传统单一向新兴多元转变[①]。同时鼓励企业参加广交会、华交会等展会，巩固和扩大国际市场份额。

（五）大力优化企业营商环境

滨海区发挥政策性金融机构的信贷、政策保险资源与海外资源优势，加大对外贸企业尤其是中小微企业的支持力度，引导银行对有订单、有效益的出口企业加大放贷力度，为重点企业提供个性化、全方位、多维度的金融保险服务方案。积极对接引入国内优质第三方服务平台，利用"互联网＋金融＋保险＋定制服务"模式，为企业提供"全站一体式"综合服务。协调海关、港口、国税等出口环节关联部门，简化审批程序。

（六）全力降低企业出口风险

滨海区引导企业高度重视汇率问题，充分运用汇率套期保值等工具锁定成本和利润，提高抗风险能力水平，保护市场份额，增加回旋余地[②]。加强区内相关职能部门横向联系，进一步加强对贸易风险的监测预警，加强对主要贸易地区的政经分析研判，进一步增大对知识产权的重视和保护力度。

积极组织外贸企业投保出口信用保险，同时引导企业充分利用中国信保提供的"资信评估服务"和"风险管理服务"调查国外买方资信情况和相关国家

---

① 关于构建新体制培育新优势加快全市开放发展的意见[N]. 潍坊日报，2016-08-10.
② 李平. 中美贸易局势趋紧 台州外贸企业该如何应对[N]. 台州日报，2018-04-08.

国别风险，不断降低企业出口风险。2018年，滨海区共帮助企业获取省级出口信保补助资金865万元，其中滨海区配套资金298万元。

（七）支持外贸企业积极应对国际贸易摩擦

滨海区积极与上级部门保持密切沟通，鼓励企业在短期内以"曲线迂回"等方式稳住美国市场，并加速开拓新兴市场以消化产能。从长期看，进一步完善制度对接，使企业较为透彻地掌握出口市场的法律法规和贸易规则，能够有效增强对贸易政策走向的预见能力和把控能力。

滨海区进一步加强区内相关职能部门横向联系，加强对主要贸易地区的政经分析研判，进一步加强对贸易风险的监测预警。2018年，滨海区支持山东润丰化工股份有限公司积极参加澳大利亚2,4-D反倾销应诉工作，获取财政补助资金21.63万元；组织山东海化股份有限公司参加韩国K-REACH贸易壁垒法规预警培训班；组织蓝谷木业、万豪木业积极参加美国对中国木制柜子和洗手台反倾销反补贴案情分析会。

第三节 潍坊综合保税区优化营商环境实践探索

为加大转变政府职能和简政放权力度，进一步推进政务服务便民化，切实增强企业和群众获得感[①]，综合保税区以"一次办好"改革为中心，以信息共享为支撑，全力打造"审批事项少、办事效率高、服务质量优"的发展环境，建设人民满意的服务型大厅。

---

① 王哲. 新旧动能转换的烟台探索[N]. 中国报道，2018-12-05.

一、全力推进"一次办好"改革，完成"五个一"集成服务工作

（一）进行大厅升级改造，全面推行"一窗受理"

继续改造升级大厅布局，共设五个区域，分别是"商事登记"区域、"不动产登记"区域、"投资建设"区域、"社会民生"区域、"纳税服务"区域，要求全区所有行政审批事项和企业、群众密切相关的公共服务事项必须全面进驻大厅，设置综合受理窗口，变部门多头受理为"一窗受理"。

（二）积极推动全区"一链办理"工作

一方面，进一步梳理"一链办理"事项目录清单。把分散在不同部门的事项按链条进行优化整合，将"一事一流程"整合为"多事一流程"[1]，将全市推广的11项业务中涉及综合保税区的户籍办理、民政救助、残疾人证办理、民办教育机构设立、个体诊所设立等5项业务试推行"一链办理"。

另一方面，继续完善运行机制和制度。"一链办理"事项牵头部门负责统一受理，各相关部门并联协同办理，切实优化再造办理流程，压缩办理时限，提高服务效能。坚持线上线下一体化服务，将关联事项纳入综合受理窗口，实现"一窗受理、一链办理"。

（三）全力推进全区"一网通办"工作

全力推进全区"一网通办"工作：一方面，全面推进全区网上政务服务平台的使用，优化简化服务事项流程，缩短办理时限，降低企业和群众办事成本。

---

[1] 关于深化"一次办好"改革深入推进审批服务便民化实施方案[J].山东人力资源和社会保障,2018.（09）：54-58.

另一方面，进一步规范网上办事指南。按照政务服务事项清单标准化要求，认真梳理申请材料、办理流程、受理条件等办事指南要素内容，确保要素信息准确、全面①。

（四）加快推进贴心帮办"一次办结"工作

加快推进贴心帮办"一次办结"工作：一是设置导引服务台。在政务服务大厅设置导引服务台，并配置值班人员，负责解答办事群众的疑问并引导办事群众至相应的窗口单位。二是逐步建立贴心帮办清单。全面梳理为群众办事事项，建立代办清单，并通过一次性告知，减少办事程序和手续，切实提高群众办事的便捷度和满意度。

二、推进全区信息共享平台建设

（一）做好电子政务云整合工作

综合保税区根据前期全区普查情况，继续做好电子政务云整合工作，配合全市做好政务云评估工作；根据全市统一电子邮件系统、即时通信系统、网络会议系统和视频监控系统建设计划，制订网络会议系统、视频监控系统的整合应用方案。

（二）进一步规范政务信息资源目录

综合保税区根据上级要求，结合政务信息资源共享交换、公共数据开放以及大数据管理等工作开展情况，对政务信息资源目录进一步加以规范。配合全市完成重点领域跨层级、跨地域政务信息资源共享交换应用，建设完善全区人口、

---

① 青岛市人民政府办公厅关于印发青岛市创新政务服务专项行动方案的通知 [R]. 青岛市人民政府公报，2018-10-15.

法人单位、空间地理、公共信用、电子证照等重点基础信息资源库[①]。

（三）完善全区政务服务体系建设

完善全区政务服务体系建设，主要做好以下两方面工作。

第一，推进全区网上政务服务平台使用。推进办事材料目录化、标准化、电子化，开展在线填报、在线提交和在线审查[②]；提供网上申报、网上办理的一站式服务和精细化服务，最大限度精简办事程序，减少办事环节，改进服务质量。

第二，推进全区网站整合迁移工作。根据《关于加快推进全市政府网站整合迁移有关工作的通知》要求，按照"一个单位保留一个网站"的原则，制订全区政府网站整合迁移工作推进方案，采取统一规划调度、统一支撑服务、分批分别实施相结合的方式进行网站整合迁移。

三、综合保税区政务改革存在的问题

虽然综合保税区在"一次办好"改革中取得了一定成效，但与最终目标相比，这些成效还仅仅是初步的、阶段性的；与市委、市政府和市职能办的要求相比，还有很多不足。主要体现在以下几个方面。

第一，"一次办好"工作推动机制力量薄弱。工作人员与其他县市区相比力量薄弱，专业人员配比不足，建议将人员抽调到位，壮大专业人员队伍，高标准地推动"一次办好"改革各项任务，并使之落地见效。

第二，信息共享推进缓慢。推进全区网上政务服务平台使用的过程中，由于各部门使用自建系统，导致二次录入的现象无法解决，建议制订全区政府网

---

① 山东省人民政府办公厅关于印发山东省数字政府建设实施方案（2019—2022年）的通知[R].山东省人民政府公报，2019-04-20.
② 焦云."放管服"背景下乌鲁木齐经济技术开发区政府一站式服务问题研究[D].乌鲁木齐：新疆大学，2019.

站整合迁移工作推进方案,采取统一规划调度、统一支撑服务、分批分别实施相结合的方式进行网站整合迁移。

第四节　潍坊奎文经济开发区优化营商环境实践探索

一、奎文开发区优化营商环境改革实践

山东潍坊奎文经济开发区,前身为2002年潍坊市政府批准设立的潍坊城南工业园区,2006年升级为省级开发区(鲁政字〔2006〕71号),经国土资源部核定,规划面积4.8161平方千米(国土资源部公告2006年第17号)。2010年5月1日,经山东省人民政府批准,更名为山东潍坊奎文经济开发区(鲁政字〔2010〕91号)。

2018年,奎文经济开发区与廿里堡街道实行"一套班子、两块牌子"的街区合一管理体制,实际辖区与廿里堡街道辖区重合,总面积25.7平方千米。开发区管委会现为奎文区政府直属副县级事业单位,与廿里堡街道办事处合署办公。管委会下设四局一办(正科级),分别为:经济发展局、社会事业局、建设局、市场监督管理局、党政办公室。各局办职能与街道对应科室、站所充分交叉,人员与街道统一安排使用。开发区共有事业编制35人,实有27人,街道有行政编制41人,实有39人,事业编制39人,实有25人。

近年来,开发区试行"管委会(街办)+平台"运行机制,由开发区管委会(街办)结合辖区产业规划、空间布局与发展实际,确立辖区特色小镇(园区)发展框架,统筹协调、对接争取各级各类政策,提供政务服务;在现行框架下,

按区里要求，由区政府投融资平台公司负责小镇（园区）开发运营建设，并整合利用资源，在每个小镇（园区）成立专门的运营机构，由专业机构负责小镇（园区）运营服务。

奎文开发区优化营商环境的具体举措如下。

第一，明确改革事项，细化责任分工。2017年以来确定改革试点事项100余项，其中，涉及经发、市场监管等11个部门的区级审批事项31项。对照5种改革方式，制定改革任务清单，确定了17个工作任务，逐一列出时间表、路线图，分解到全区20多个涉改部门单位。

第二，精准分类指导，实现快入准营。推行"双告知、双反馈、双跟踪"许可办理机制，通过定向推送、跟踪反馈、自动预警、逾期提示等功能，市场主体登记信息实时精准推送到后置审批许可部门，各审批部门根据平台指令严格按时接收，及时办理反馈[①]，实现部门之间许可信息传递畅通和准入准营有效衔接。在餐饮、网吧、歌舞游艺、印刷等对经营场所或设备布局、工艺流程有特殊要求的行业，在准入后准营前的空档期，前移现场核查环节，提前介入指导。申请人完成名称自主申报后，通过信息化系统自动流转，所属片区网格监管员实时接收新设立市场主体现场勘查通知，当日内实施现场核查，提出指导意见，避免申请人投入大量成本却因不符合生产经营条件造成的"准入不准营"问题，让新设市场主体通过"证照分离"快速进入生产经营。

第三，优化流程方式，提速审批效能。围绕"最多跑一次""零跑腿"，将审批材料减至最少、流程简至最优、证照合至最全，实现跑一次腿、办多个事。将审批改备案事项纳入奎文开发区"多证合一"范畴，实现了68证合一。对业务量占比较大的餐饮、食品经营等事项实行一窗全能登记，变"一窗受理、并联审批"为"同步审批、一窗办结"，一窗一人办理登记许可所有业务。最大限度"瘦身"申报材料，申请人无须重复提交身份证明、营业执照、经营场所使用证明等要件，审批部门也不再对备案材料核准，过去需要3~4个部门、最

---

① 尹莉莉."证照分离"的潍坊实践[N].潍坊日报，2018-06-01.

短5个工作日办结的事项，简化为1个窗口、1个工作日、只跑1次腿即可取照取证。推行许可登记全流程电子化登记，实现"网上批、快递送"不见面式审批服务。

二、奎文开发区优化营商环境存在的问题

第一，开发区体制有待完善。奎文经济开发区自升级为省级开发区以来，在项目立项、规划审批、财力使用、土地管理等方面仍由区直机关直接审批，等同于区对街道的管理体制。

第二，开发区主要职能弱化。由于与街道实行"区街合一"，开发区既承担省、市对开发区的考核任务，又承担区对街道的考核任务，在工作安排上，每名科级干部同时承担业务工作、包村工作、重点工作三项工作，难以腾出充足精力抓招商、抓项目，导致开发区抓经济发展的主责主业弱化。

第三，开发区和平台之间沟通协调不够顺畅。由于奎文经济开发区没有独立的财政权限，开发区管委会无法成立自有公司，只能借助区政府投融资平台公司进行开发建设。管委会和平台公司互为平行单位，相互间没有责任关系。区级部门在处理涉及开发区的事务时，往往直接调度平台公司，而不通过开发区管委会。在沟通协调上存在先天不足，实际运转往往不够顺畅，存在开发区与平台公司在决策和执行上方向不同、步调不一、相互扯皮的情况。

三、奎文开发区优化营商环境改革建议

为深入贯彻落实上级有关文件精神，进一步激发发展动力和活力，实现开发区长足发展，现就进一步推动开发区体制改革提出如下建议。

（一）明确管委会行政机关性质

奎文经济开发区管委会现为奎文区直事业单位，在法律关系界定、行政执

法权限等方面存在模糊地带。明确管委会作为政府派出机关的行政属性，对开发区管委会进一步明确法律地位、理顺职能权限、增强依法行政和引领发展能力具有重要意义。建议结合开发区体制改革，明确管委会行政机关属性，优化内部机构设置，落实人员编制，明确职责权限。

（二）下放开发区权限

开发区财政实行独立核算，单独编制预算，并纳入区级预算管理。开发区公共基础设施建设纳入同级财政预算。开发区财政收入，除按照规定上缴外，全部用于开发区的建设和发展。参照市级对滨海区下放权限方式，把能够下放到开发区的行政管理和经济管理权限，下放到位并公布实施。确实不宜下放的权限，由有关部门提供上门服务，确需向开发区派驻人员或机构，报同级政府审批，并实行管理以派驻机构为主、考核以开发区为主的制度。

建议建立联合执法制度，将安监、城管、环保、土地等执法队伍进行整合，成立综合执法队伍，切实维护良好的营商环境。辖区行政、人事、财税、执法、考核等权限由开发区管委会负责。

（三）完善机构设置，理顺街区关系

探索取消甘里堡街道办事处，人员编制并入奎文经济开发区。按照"主体明确、权责一致、精简高效"的原则，以大部门制为方向，精简整合和科学设置开发区管委会内设机构，精简开发区社会管理职能，突出经济发展职能，使开发区将主要精力放在产业转型、招商引资和项目建设上。具体方案需进一步深入研究。

（四）完善"管委会＋公司"模式

推行市场化运作模式，由管委会主任兼任区平台公司领导职务，将平台公

司纳入开发区管委会管理，区政府和区级部门不再直接调度平台公司业务；由开发区管委会新组建自有开发公司，承担开发区范围内的土地开发、招商引资、企业服务、园区管理等职能，形成"企业化运营、市场化运作"的"管委会+公司"管理模式。

（五）改革人事和分配机制

选拔具有开放发展、改革创新和担当进取意识，懂经济、会管理、善服务的优秀干部，到开发区管委会任职。建立与先进开发区干部的双向挂职锻炼制度。对开发区发展需要的特殊高层次管理人才和招商人员，研究落实特岗特薪、特职特聘办法[①]。参考滨海区人事"双轨制"管理和全员KPI绩效考核及分配制度改革，开发区全面实行全员聘任制、绩效考核和分配制度。

（六）调整、明确开发区管辖范围

建议通过相关程序，将奎文经济开发区管辖范围在原公告区4.816 1平方千米的基础上，正式扩大到整个廿里堡街道辖区，即东至虞河、南至潍胶路及白浪河水库大坝、西至白浪河、北至宝通街，便于争取和享受开发区相关政策。扩区后总面积为25.7平方千米。

第五节　潍坊诸城市优化营商环境实践探索

诸城市近几年外贸企业发展迅速，诸城外贸产业已成诸城市经济发展的重

[①] 山东省人民政府办公厅关于促进开发区改革和创新发展的实施意见[R].山东省人民政府公报，2017-08-10.

要增长点。2018年诸城市共有106家外资企业；外贸进出口实绩企业达到461家，同比增长18.2%。2018年1—12月全市实际利用外商投资134 399万元，同比增长55.51%；2018年1—12月全市共完成进出口总额1 166 449万元，同比增长12.4%，其中出口1 031 965万元，同比增长9.2%，进口134 484万元，同比增长44.5%。2019年1—2月全市共完成进出口总额200 385万元，同比增长22.9%，其中出口163 439万元，同比增长8.3%，进口36 946万元，同比增长206.1%。

一、积极助推企业应对贸易摩擦

2018年美国对我国产品先后多次加征关税，其中，9月17日加征2000亿美元关税共计影响诸城市58家出口企业，涉及商品主要是橡胶轮胎和轻工木器（加上之前加征的500亿美元关税，共涉及诸城市62家企业）。诸城市商务局等相关部门积极对接企业后，采取了以下措施。

第一，借"一带一路"经济发展规划的东风，优化海外市场布局。加快筹办"一带一路"对接办公室，拓展中非、西非、北非、中亚、西亚国家市场，加快"海外仓"建设，组织企业到加纳、沙特阿拉伯、埃及等地区考察。

第二，助推服装纺织产业加快转型升级。借助桑莎检通检品、检针、配分、物流能力的综合性平台，发挥其对整个产业及配套产业的辐射和带动作用，推动开放型经济向更高质量更高层次迈进。

第三，提高出口产品国际竞争力。充分利用国际市场倒逼机制，优化出口产品结构，重点提升机电高新技术产品的出口比重，通过政策引导，加大科技投入，不断提高自主创新能力。对接福田整车出口，争取尽快拿回诸城市出口数据，拉动全市高新技术产业发展。

二、积极助推中小企业转型发展

（一）完善政策扶持，服务民营企业

诸城市开展企业"大走访大调研"活动，采取发放明白纸、入企业宣讲等形式深入宣传扶持企业发展各项政策。根据企业规模及发展方向，整理汇总相关支持工业企业发展的专项政策，引导帮助企业申请符合自身条件的各类扶持项目。

建立了全市企业交流微信群，随时发布各项扶持政策文件及各个企业申请办理情况，加强企业间的沟通协调，发挥各企业间相互带动辐射作用。积极帮助泰诺药业、恒信基股份有限公司申请高新技术企业、省级企业技术中心等相关荣誉，享受税收政策减免、资金奖励等优惠。帮助华宝公司成功申报成为山东省级龙头企业，获得享受国家贷款优惠政策的机会，积极争取各项政策资源，拓宽了融资渠道，为企业项目发展注入发展动力。

（二）转变工作作风，提供"保姆式"服务

进一步完善政务大厅服务功能，实现进门有接待，业务办理有引领。印制业务明白纸，一一列明各项业务需提交的材料和工作人员的联系电话。提出并实施"最多跑一趟"服务承诺，进一步健全便民服务中心首问负责、一次性告知、限时办结、AB岗工作制等相关制度。

在恒信基高分子汽车塑料部件项目立项、规划、国土、环评等手续办理过程中，充分利用乡镇代办员、联络员的作用，主动对接，包靠到人，按时间节点随时提醒、帮助企业办理相关手续，把好关、服好务，全程帮助协调办理。

（三）量身定制帮扶措施，助力企业转型升级

山东华宝食品股份有限公司是一家集生猪屠宰、宰后精深加工、现代冷藏与物流于一体的综合性公司。在公司发展壮大过程中，市政府主动对接，积极

为企业发展出谋划策。2018年，依托2018年农业产业强镇示范建设项目，为山东华宝食品有限公司争取到了项目扶持资金1200万元。

帮助企业协调新建千亩莲藕生态循环项目、专家公寓楼等项目，结合现有的资源基础和发展优势，探索建立农牧结合、有机循环、生态高效、休闲观光等多元发展的农牧融合生态产业园，实现历史文化、畜牧文化、旅游文化的有机结合。引领我国传统农业提质增效，加速推进区域性一二三产融合发展，创建风景优美、产品安全、产业集聚、人文富饶的精致农业创意园区。

（四）推动企业上云，提升企业信息化水平

随着社会经济的高速发展，云动能已经成为企业、产业、经济社会转型升级的重要力量。潍坊市嘉德机械有限公司是一家生产、销售、安装、维修畜牧机械以及经营货物进出口业务的公司，通过实地走访调研，在得知该公司有上云意向后，诸城市联合第三方服务商及时主动进行对接，充分考虑该企业的具体云服务需求，为企业量体裁衣，制定了文件管理系统云服务，同时帮助申请山东省"企业上云"财政补贴。通过上云服务，帮助该企业最大化节省上云成本，提高了企业内部管理水平，拓宽了企业销售渠道，提升了企业核心竞争力，加快了企业两化融合的步伐。

当前，诸城市集中力量推动企业上云服务，联合联通、浪潮、华为等服务商，通过实地走访、社区信息员普查等方式深入每家企业和个体工商业户，宣传企业上云政策资金帮扶措施，充分调动企业上云积极性。

（五）鼓励企业挂牌上市，拓宽企业融资渠道

通过走访调研发现，融资难已成为中小企业发展的最大困难之一。为帮助诸城市龙强紧固件有限公司解决融资难的问题，诸城市联合专业服务机构加强对该企业"新三板"挂牌服务与指导，支持鼓励企业利用资本市场多元融资平台，筹集发展资金，降低企业融资成本。同时，该企业挂牌新三板之后，产生了巨大的广告效应，迅速扩展了企业知名度，提升了企业品牌形象，为将来能有更多的机会吸引投资人的目光打下了良好的基础。

第三章

新旧动能转换下典型区域开放发展建设成效与建议

第一节　潍坊高新经济开发区开放发展成效与建议

潍坊高新开发区认真贯彻落实市委、市政府扩大开放战略工作部署，抢抓建设山东半岛国家自主创新示范区重要机遇，大力实施更加积极主动的开放战略，加速推进理念、产业、创新、城市、环境全域国际化进程，不断提升城市开放度和吸引力，努力建设产城融合的国际化现代新城和全域国际化先行区、示范区。

一、高新区开放发展建设成效

（一）实施外贸转型升级专项行动，促进贸易优进优出

2018年，高新区全区实现进出口总额234.8亿元人民币，增长23%，总量、增幅均居全市第二；其中出口88亿元人民币，增长23.4%，增幅全市第二；进口146.8亿元人民币，总量全市第二，占全市总量的25%。高新区实施培强树优计划，带动出口结构优化。努力培育和支持潍柴集团、歌尔股份、中化弘润、伟奥国际贸易、俊富非织造、卡麦龙石油机械、佰宜纺织等外向型龙头企业发展，引领全区外贸转型升级。2018年全区机电高新技术产品累计出口68.8亿元，占外贸出口总额的78.2%，增长34.5%，总量排名全市第一，占全市机电高新技术产品出口总量的24.4%。

（二）打造"招商优商"新环境，强化"双招双引"成效

高新区深入实施以商招商。做大做强优势产业集群，以政府代建的方式出资建设盛瑞传动配套产业园，引入盛瑞传动上下游产业链企业7家；实施园区招商，不断拉长增厚产业链条，以光电、生物、软件、蓝色智谷为依托，加强园区平台招商吸引力；加强中介招商，借助优势力量招大引强，与戴德梁行等国际知名机构达成合作协议，借助第三方力量加强招商力度；加强资本招商，大力引进高成长优质项目，大力突破科技金融，设立资本招商专项基金、并购基金和新旧动能转换基金，基金总规模达到207亿元；加强环境招商，全力改善营商环境，加快实施"互联网+政务"，在全省率先实现"一次办好"全覆盖，"一链式"办理模式在央视《新闻联播》播发。

2018年，高新区共对接洽谈项目425个，签约注册186个，全区实际到账外资3.74亿元，成功引进世界500强中粮集团总投资1.05亿元的潍坊中粮制桶有限公司、潍柴动力与加拿大巴拉德合资设立的总投资33亿元的潍柴巴拉德氢能科技有限公司等。定向招引紧缺急需专业人才和"双一流"院校毕业生2126人，国家"千人计划"专家达到33人、"万人计划"专家6人，省"泰山学者""泰山产业领军人才"53人，蝉联"全省人才工作先进单位"。

（三）鼓励企业"抱团出海"，壮大国际化企业集群

通过创新实施"出口贸易引领、海外当地制造、国际并购提速、国际平台搭建、国际人才引进"等举措，高新区持续引领全市境外投资快速发展。2018年，全区实现境外投资3.4亿美元，增长78.4%，总量全市第一，占全市境外投资总量的65.7%。

潍柴动力累计投入美国PSI公司5365万美元；出资1.64亿美元并购全球领先的氢燃料电池技术供应商加拿大巴拉德动力系统公司19.9%的股权，成为第一大股东；将英国西里斯的持股比例从略低于10%提高到20%，总投资达到

4800万英镑（约6000万美元）。潍坊歌尔集团牢固树立全球思维，坚持自主创新，加强国际合作，深度融入全球高端产业链。公司在美国、丹麦、瑞典、英国、日本、韩国等国家设立研发中心，打造全球化研发布局，与美国斯坦福大学、麻省理工学院、日本东北大学、西门子、腾讯等国内外知名院所、企业开展深度合作，不断提升企业的核心竞争力。

二、高新区开放发展的制约问题

从总体情况看，高新区对外开放发展成效明显，但也存在一些制约其开放发展的问题。

（一）标准化战略亟待推进，品牌意识有待加强

近年来，高新区标准国际化水平进一步提升，商标品牌战略初见成效，但仍存在不少问题。

一是科研成果转化为标准比率不高，研发、专利、标准一体化推动机制不健全。二是企业标准化水平不均衡，小微企业标准化层次不高，标准化创建系统性不足，标准化战略在新旧动能转换中的战略支撑作用没充分发挥。三是国际标准、强制性国家标准应用力度较弱，在社会各领域、各行业融合程度较低。四是品牌产品不成规模，附加值不高。除潍柴集团、歌尔集团等大型企业拥有自己的品牌外，仍有量大面广的企业品牌意识不强，很大程度上影响了高新区商标的注册和保护。

（二）高端人才缺乏，制约企业发展

近年来，高新区总共出台了13个人才政策文件，针对紧缺急需人才和高校毕业生出台了一系列优惠政策，强化了人才吸引力，但高端人才缺乏问题依

旧存在。在 2018 年已开展科技合作的企业中，近一半的国内合作项目没有博士团队的引进参与，90% 的国际合作项目没有国外技术团队来企常驻，除了潍柴集团、歌尔集团等极少数具备很强品牌、平台和资金优势的大型企业外，其他企业很难全职招才留才，大部分是兼职。除了技术研发人才外，工业设计、质量管理、现场管理等方面的高级专业人才也成为企业普遍紧缺的人才。

（三）教育资源配置面临新挑战，软环境建设仍需提升

近年来，高新区学校幼儿园建设进度不断加快，学位总量大大增加，但由于学校布点不合理等历史遗留问题，以及二胎政策的实施和外来创业、就业人员的不断增加，学龄人口爆发式增长，给区域教育承载力带来了新的压力。东明学校、北海学校、实验学校等热点学校依然存在"大班额"问题，使高层次海外人才子女入学安置工作面临前所未有的压力与挑战。

（四）商事制度改革缺乏联动，上下协调机制有待建立

近年来，高新区着力进行商事制度改革，但在涉及的 100 项改革事项中，区属改革事项仅 31 项，大部分事项审批、监管的实施层次不在区级层面，缺乏上级职能部门指导。另外，高新区建设了"证照分离"信息化服务平台，实现了区级层面的双告知、双反馈，但审批权限在省级、市级的，无法实现信息的互联共享和登记信息的精准推送。

（五）政策缺乏灵活性，国际营商环境有待提升

过去几年，高新区多措并举打造国际化营商环境，但在具体执行过程中少数部门出于自身利益，在政策落实上打折扣，这就使得政府部门在执行相关政策时缺乏灵活性，服务意识不强，服务质量和效率有待提高[1]。另外，虽在提

---

[1] 孙华平，咸越，王益佳. 义乌外向型经济探析[J]. 管理科学文摘，2006，12（53）：54.

升行政效率上取得了很多突破性进展，特别是"多证合一""企业减负"等系列创新举措走在全市前列，但在国际规则、国际惯例的应用，国际标准的引入、实施等方面仍有较长的路要走。

（六）招商引资缺乏大项目支撑，"三招三引"工作有待加强

第一，大项目相对较少。世界500强、央企、民营经济100强在高新区投资项目不多，"大高外"项目仍然是高新区项目引进中的短板，签约项目中，缺乏大的龙头型、带动型项目。

第二，外资项目不多，总量不大。2015年以来，全区仅有过亿元外资建设项目7个，且7个项目均集中在制造业，对国家一级放开的现代服务业领域仍未破题，尤其是对自创区、自贸区已经放开的业态跟进不足。

第三，外资企业普遍较小。2018年全区外商投资的行业主要集中在制造业、房地产、商贸服务业，且企业规模普遍较小，层次较低。高新区全区78家外商投资企业，70%以上均为规模以下企业，企业的辐射带动作用不强，没有形成相关产业链，企业活力未能充分"激活"。

（七）外贸增长缺乏动力，外贸新业态有待培育

近年来，高新区外贸总量虽均居全市前列，但增幅连续处在全市中游；近三年每年新增有进出口实绩的外贸企业仅20余家，缺乏持续增长动力。且全区的外向型经济仍旧以加工贸易为主，中低档的劳动密集产品比重较高，缺乏附加值高的自主品牌产品和高技术含量产品的输出，贸易结构层次亟待提高。另外，全区跨境电商平台、外贸综合服务企业几乎为零，且缺少对跨境电商及外贸综合服务平台的政策及环境吸引力。

三、高新区开放发展的建议

高新区开放发展有如下几项建议。

第一,加快建立上下联动体系。就高新区而言,100项改革事项中,区属改革事项仅31项,大部分事项审批、监管的实施层次不在区级层面,有的行业主管部门相对应的备案管理办法、告知承诺办法以及事中事后监管方案、监管举措尚未发布,审批部门、主管部门和属地监管的责任界线不明确。建议行业主管部门尽快完善顶层设计,出台相关文件,自上而下地对各职能部门给予指导。

第二,进一步加强信息化支持力度。证照分离改革的实施离不开信息化平台的支撑。为确保改革顺利推进,高新区在前期信息化工作的基础上,建设了"证照分离"信息化服务平台,实现了区级层面的双告知、双反馈,但审批权限在省级、市级的还无法实现登记信息的精准推送。建议省、市层面建立统一的信息化平台,实现信息互联共享,为实施协同监管提供支撑。另外,建议省综合业务系统中尽快增加经营范围规范性表述功能,实现智能化提报,便于开展登记注册信息的精准推送。同时,加大对各地市信息化支持力度,能开放的数据尽量开放。

第三,继续推进外商投资企业"服务大使"制度。为减轻外企负担、促进企业转型升级、实现全区更高层次新发展,继续深入推进"外商投资环境提升年"活动,深入落实外商投资企业"服务大使"制度,对全区所有外资企业继续进行分工包靠,加大调研力度,协调帮助企业解决发展难题。

第四,建立完善企业问题解决"直通车"工作机制。把帮助解决企业问题作为重要工作,把高新区经济发展局作为外企市、区两级问题"直通车"的交通枢纽站,需要高新区解决的问题,协调各部门在区里解决,如不能解决的,借助市级"直通车",积极争取市级部门解决。定期与企业联系沟通,形成动态的"广泛了解问题、协调解决问题、定期反馈解决进展"的工作机制,精准服务扶持企业发展,确保企业在降低成本等方面存在的问题得到有效解决。

第五，营造更优的经济发展软环境。以"外商投资环境提升年"活动为契机，充分发挥"服务大使"的作用，帮助企业解决困难和问题，全力支持企业发展。进一步修订《潍坊高新区加快新兴高端产业发展暂行办法》"支持外向型经济发展"板块，不断加大对区内外资项目的支持力度。加大高端人才输出、引进力度，纳入高新区人才引进战略，在鼓励企业加速人才外派的同时注重海外高层次人才的引进，拓展智力资源。

第六，开展专业化招商活动。根据区内产业发展规划，结合境内外行业领军企业投资意向、布局趋势，"个性化""量身定制"对接企业和项目，从产品加工销售入手逐步扩展深层次合作。瞄准外资主要来源地，借助潍柴动力、歌尔声学、盛瑞传动在中国香港和欧美，歌尔声学、金江国际在日韩的影响力开展境外招商引资活动。借助广交会、高交会、厦门投洽会等契机，在外资企业地区总部、商协会集中地开展境内招商活动。

第二节　潍坊滨海经济技术开发区开放发展成效及建议

一、滨海开发区开放发展建设成效

（一）培育壮大现代服务业，实现产业上档升级

滨海区旅游度假区成功升格为4A级景区，旅游高峰期日接待游客5万人，依托旅游度假区，突出海洋特色、渔盐文化，全力打造一流滨海休闲旅游目的地，

成功举办国际风筝冲浪大赛、世界旅游小姐中国区总决赛、马术大赛等赛事。滨海区以海洋科技大学园为依托，充分发挥山东省和教育部共建国家职业教育创新发展试验区的优势，海洋科技大学园已完成基础设施配套21平方千米，入园项目达32个，19所科研院校、院所及培训机构入驻，在校师生达到10万人。

（二）深化制造业发展，加快发展方式转变

滨海区制定出台促进智能制造产业发展专项政策，着力完善关键基础零部件、智能加工装备、智能专用设备和产业支撑及应用产业链，以"互联网+"助力装备制造业走向"微笑曲线"两端；拓展产业发展新领域，打造具有全国重要影响力的智能装备制造及应用示范基地。

（三）大力实施创新驱动，科技支撑能力日益增强

第一，着力推动企业加大研发平台组建力度。依托平台深化与中国科学院、浙江大学、上海交通大学等高校科研院所的对接合作，提升企业创新能力。截至2018年年底，滨海区搭建研发平台174家，其中国家级研发机构3家，省级研发机构38家，市级研发机构133家；通过市科技局认定的招院引所13家，其中2018年认定3家。

第二，继续加快双创小镇（潍坊滨海蓝色创谷）建设进度。2018年双创小镇8个组成单体中的4个已投入使用，下一步将继续完善服务，助力双创小镇进一步加快建设，争取尽快投入使用。

第三，做好企业国外交流合作。2018年滨海开发区祥维斯、新和成、胜伟园林等企业已与国外研发机构和专家开展技术合作，进展顺利且发展前景良好。

（四）大力发展"互联网+"，实现外贸转型升级

在贸易保护加剧、贸易摩擦不断等复杂多变的外贸形势下，滨海区积极开

展外贸转型升级专项行动，大力发展"互联网+支柱产业""贸易+品牌"模式，鼓励外贸企业用好跨境电商、外贸综合服务平台等新业态，拓展双向购销渠道。加快推动潍坊滨海蓝色双创跨境电商基地建设，培育外贸综合服务企业，引领"中国化工谷"、焦易网等跨境电商平台做大做强，不断增强服务外贸企业发展能力，外贸态势全面向好。

2018年，滨海全区共有154家外贸企业实现进出口实绩，对东盟、金砖四国等新兴市场出口增长22.38%、44.2%，对"一带一路"沿线国家出口增长31.96%；对美国、欧盟、日本、韩国等传统市场出口分别增长7.82%、13.42%、27.92%、19.6%。外贸市场更趋多元，防范风险能力大幅提升。

（五）加快专业化招商与园区建设，大力推动利用外资提质增效

借力滨海招商发展集团，滨海区大力推动公司化、专业化招商，重点面向欧洲、新加坡、以色列等国家（地区）实施精准招商。在中外合作产业园内高水平高质量规划建设中欧产业园，在绿色化工园推动建设新和成中欧新材料产业园、中化高端石化新材料产业园、中外生物医药产业园，大力发展"园中园""区中园"。2018年以来，全区在谈外资项目10个，计划总投额200亿元人民币。

二、滨海开发区开放发展建设建议

（一）进一步放开社会资本在服务业领域的投资

滨海区应进一步拓宽民营资本在服务业领域的投资范围，进一步放松医疗、健康、教育、文化等公共服务行业的准入限制，清理各种社会资本歧视性规定，在投资核准、融资服务、财税政策、价格政策等方面，实行与公立机构同等待遇，大力推行政府购买服务，加快形成一批新的投资热点。

（二）推动科技扶持政策适当向开发区倾斜

在推动与中国科学院等高校院所的对接合作过程中，滨海区应适当增加化工领域的对接，拓宽区内化工企业的视野和可选择范围；在组织项目申报过程中，申报名额能够适当向滨海区倾斜；继续做好扶持政策落实，协助优化滨海区的创新创业环境，减少对化工产业的歧视，着力提升企业研究创新的积极性。

（三）加强国家级开发区利用外资政策支持

建议出台市级层面专门支持滨海区利用外资的政策措施，从土地、财税、技术、人才、金融等方面，对滨海区吸引利用外资给予政策上的倾斜。在对外活动中，加大滨海区的宣传，并进行重点推介，强化潍坊滨海品牌。不断完善产业政策和投资导向，优化利用外资结构，对于投资规模大、建设周期长、回报率低的基础设施项目，给予投资者一定的政策优惠和必要的综合补偿[①]。

第三节　潍坊综合保税区开放发展建设成效与建议

一、综合保税区开放发展建设成效

2018 年，潍坊综合保税区坚持以自贸区的大开放思想指导工作，按照"全国争一流、行业树标杆"的定位，突出抓好项目建设、载体平台、功能创新、政策服务等重点工作。实现进出口额 64.8 亿元，一般公共预算收入 2.38 亿元，

---

① 田霏.用好外债这柄"双刃剑" 关于定西市利用外债情况的调研[J].中国外汇，2011（01）：74-75.

增长 37%。

（一）保税北区顺利通过国家正式验收

设立潍坊综合保税区北区是市委、市政府做出的重大战略决策。北区自 2013 年 12 月启动申报，2017 年 7 月获批设立，成为全国首个转型升级后获批"一区两片"的综合保税区。获批后，综合保税区多方融资 4 亿元，经过 1 年时间的加紧建设，2018 年 9 月 21 日保税北区顺利通过国家八部委正式验收[1]。北区正式验收并封关运行，对于统筹潍坊港口优势、保税政策优势，推动前港后区、区港联动发展，扩大全市对外开放，加速向自由贸易港区迈进，将产生十分重要的意义。

（二）重点项目建设提速增效

以全省新旧动能转换重大工程为契机，综合保税区牢固树立"项目立区"理念，扎实推进"项目建设年"活动，引进了总投资 200 多亿元的 80 多个重点项目，初步形成了"五个百亿级产业链"的发展框架。

以佩特来百万台新能源驱动电机、年产 7 万辆陆地方舟新能源汽车、天津力神动力电池为核心的新能源产业园加快建设，填补国内空白的圣和塑胶新材料、截至 2018 年国内唯一的进口籽棉项目华奇棉花、江北最大的进口商品直营中心等成长型项目迅速膨胀规模，三晶照明科技、利可生生物科技、正信生物科技、康裕医药等创新型项目加快集聚，这些项目为今后转型升级、跨越发展提供了新的动能。

（三）服务平台建设日趋完善

综合保税区既是经济区、开发区、产业区，又是功能区、政策区、服务区。

---

[1] 于卿. 发挥职能作用 积极主动作为[N]. 潍坊日报, 2019-01-22.

围绕发挥保税功能作用,全力向国家争取发展平台,服务全市开放发展。经国家有关部委批复,先后获批了进口肉类指定口岸、进口冰鲜水产品指定口岸、进口澳大利亚活体肉牛口岸等3个国家级平台。2018年1月25日,潍坊综合保税区进口肉类指定口岸通过国家验收,成为山东省首家内陆进口肉类指定口岸;进口冰鲜水产品指定口岸基础设施基本建成[①],正在积极申请国家验收。

(四)深化改革和功能创新加速推进

综合保税区是当前除自贸试验区以外,功能政策最齐全、通关检验最便利、进出口业务成本最低的区域。2018年,综合保税区全面对标自贸区新政策、新业务、新模式,大力推行通关便利化改革,已复制推广15项自贸区新政策。

综合保税区实现区域一体化通关,已有3000多家社会企业来区开展业务,报关单票数占全市的1/5。综合保税区在全省率先推行企业集群注册新模式,破解小微企业注册场所难题,节省小微企业运营成本。全区新注册企业2311家,同比增长134%。综合保税区全力争取企业增值税一般纳税人资格试点,2019年2月1日,国家三部委赋予综合保税区试点资格。

(五)社会民生和全域环境有力改善

综合保税区财政和社会投资2亿多元,建成潍坊行知高中、综合保税区实验学校,规划建设公立幼儿园和总投资3.5亿元的九年一贯制保税国际学校,形成从幼儿园到高中的完整教育链条。

综合保税区聘请国内顶尖设计单位,对综合保税区周边20~30平方千米进行全域环境整体提升。加快推进东外环、樱前街、高七路等10条重点道路建设,启动实施5个村棚户区改造,加快推进三大商业片区建设,启动建设雷士景泰园、商业综合体等一批配套项目,着力打造一流生态、一流设施、一流交通、一流文化、

---

① 于卿,李兆鑫.勇于担当创新发展 助力全市新旧动能转换[N].潍坊日报,2018-07-26.

一流科技，容纳 10~15 万人的国家级生态智慧特色小镇[①]。

二、综合保税区开放发展建设建议

2019 年，潍坊综合保税区认真贯彻落实中央、省、市决策部署，全面对标自贸试验区和先进综合保税区，抓好各项工作任务落地落实。力争到"十三五"末，建成潍坊乃至全省对外开放大平台，迈入全国一流综合保税区行列。

（一）聚焦动能转换，加快建设"五个百亿级产业链"

综合保税区将着力打造以下重点产业。

一是电子信息产业。综合保税区全力推动歌尔电子创新发展，支持歌尔电子争取知名游戏机项目订单。

二是国际冷链物流产业。综合保税区加快推进习近平总书记访俄期间签署的中俄冷链国际物流项目，力争尽快全面建成开展业务。规划建设总投资 8 亿元的国际食品产业园，与世界 500 强企业嘉里大通合作，打造集保税仓储、冷链物流、精深加工和进出口于一体的国际食品加工物流产业园。

三是新能源产业。以总投资 6 亿元的美国控股的佩特来电机驱动、年产 7 万辆陆地方舟新能源汽车、全国排名第一的天津力神动力电池、填补国际空白的三晶照明 LED 等项目为龙头，打造百亿级新能源产业集群。

四是棉花物流加工产业。以总投资 10 亿元在澳大利亚购买 500 万亩棉田的华奇棉花项目为龙头，力争 3 年内建成闻名全国的棉花物流交易基地。

五是新材料产业。综合保税区以圣和新材料、华潍新材料、利可生生物、正信科技等一批项目为依托，3~5 年内实现产值 100 亿元以上。

---

① 于卿. 综合保税区打造对外开放桥头堡[N].潍坊日报,2017-11-23.

（二）聚焦功能创新，着力打造"五大服务平台"

综合保税区将着力打造以下服务平台。

第一，建设口岸综合服务平台。依托青岛空港、海港，通过电子卡口、电子关锁等现代化手段，实现企业在综合保税区报关，在口岸直接放行，力争3年内服务企业3000家以上。

第二，建设快捷通关服务平台。全面落实国务院即将出台的海关特殊监管区改革创新实施方案，对标国际最高标准，大力推行通关便利化改革，简化"一线、二线"管理手续，全面提升贸易便利化水平。

第三，提升口岸服务平台。加快国家冰鲜水产品指定口岸建设，力争尽快申请验收。积极申报进口粮食指定口岸，打造山东半岛进口大宗商品批发分拨基地。

第四，健全功能创新服务平台。在已复制落实13项自贸区政策的基础上，加快推进区内企业一般纳税人资格、选择性征税、研发检测维修、融资租赁等10项政策尽快落地，全面提升综合保税区服务功能。

第五，建设外贸综合服务平台。加快推进智慧综合保税区建设，通过云计算、物联网等手段，逐步建立多维化大数据平台，提供报关、报检、退税、结汇等"一站式"服务。

（三）聚焦产城融合，大力实施全域环境提升

综合保税区将按照国际化的标准要求，加快推进道路建设、片区开发、棚户区改造等工程，着力打造生态智慧、国际开放、世界水平的高端产城融合区。

第一，全面提升道路交通治理水平。综合保税区加快总投资6亿元、辖区总长7千米的东外环路建设，同时，抓好宝通街、樱前街、高七路等10条道路完善提升，打造便捷畅通的交通环境。

第二，加快三大商业片区开发。综合保税区加快推进占地6000亩的三大

商业片区建设,抓好雷士景泰园、商业综合体等一批配套项目,力争3年内建成集居住生活、教育医疗、商场超市、商务金融于一体,容纳5万~10万人的高端产城融合发展区。

第三,大力推进棚户区改造。综合保税区抢抓国家政策"窗口期",抓好张营片区和福田片区5个村棚改工程,力争3年内全部完成23个村的棚户区改造,实现全域城市化。

(四)聚焦区域统筹,加快保税北区与潍坊港联动发展

借鉴上海、天津、青岛保税港区发展经验,综合保税区应推动北区与潍坊港、山东高速集团全面深层次合作,实现前港后区、区港联动。

综合保税区可重点发展以下四大产业。

一是平行进口汽车产业,积极争取国家试点,与天津滨海、青岛保税港区"区区联动",先行开展试点业务。

二是进口粮食产业,争取设立国家进口粮食指定口岸,形成进口粮食储存、加工、物流、贸易产业链。

三是进口食品加工产业,在区内建设冷链物流仓库、进口肉类查验仓库、标准生产厂房等设施,布局进口食品精深加工、包装分装、冷链物流、保税仓储产业链,打造清真食品产业园。

四是进口木材产业,结合北区政策优势、潍坊港口优势、市内企业需求,开展木材等大宗原材料的进口、加工、贸易等业务,最大限度地满足企业发展需要。

第四节　潍坊寿光市开放发展建设成效及建议

一、寿光市开放发展建设现状

自 2016 年潍坊市开放发展大会召开以来，寿光市认真贯彻落实会议精神，围绕高质量发展目标和任务，加快构建宽领域高层次开放发展总体框架，对外开放质量和水平不断提升，全市开放发展工作呈现出良好发展态势。

全市外贸进出口和利用外资增速明显，出现了跨越式增长，外贸进出口跃居全省县域排名第 12 位，外资企业增资扩股积极性提高。2017 年，完成进出口总额 283.6 亿元，同比增长 11.8%，其中出口 149.8 亿元、进口 133.8 亿元，同比分别增长 5% 和 20.6%；实际到账外资 13.1 亿元。2018 年全市完成进出口额 353.57 亿元，同比增长 23.2%；其中出口 177.93 亿元，同比增长 19.3%；进口 175.64 亿元，同比增长 27.3%；实际到账外资 17.8 亿元人民币，同比增长 36%。

同时，全市外贸、外资、外经、外包、外智、外标等外向型重点工作和融入"一带一路"建设等呈现良好发展态势。寿光市共完成对外承包工程营业额 5820 万美元，同比增长 10%；派出各类劳务人员 1388 人次，同比增长 10.1%；境外实际投资额 1.25 亿美元，同比增长 1747.7%。

2018 年 9 月，山东晨鸣纸业集团有限公司资本公积增资 6182 万美元，2019 年 3 月山东大地盐化集团有限公司资本公积增资 7000 万元人民币。寿光市成功获批山东省电子商务示范县，并复审通过国家级出口农产品质量安全示范区。

二、寿光市软件园跨境电商聚集区建设成效

寿光市软件园作为国家级科技企业孵化器、国家小型微型企业创业创新示范基地、国家中小企业公共服务示范平台,重点发展了软件研发、文化创意、高新技术、电子商务等产业,现已入驻企业 240 家,从业人员 2800 多人,年产值 10 亿元以上。

寿光市软件园抢抓"互联网+"机遇,充分发挥省级电子商务示范基地作用,瞄准并抢占境外高端跨境电商市场。2018 年,园区现有跨境电子商务企业 51 家,知名跨境电商企业有冠辰经贸有限公司、飞跃进出口有限公司、旭鑫防水材料有限公司、海之源化工有限公司工等,主要经营品类有板材、家具、纸制品、防水材料、化工产品等。其中,冠辰经贸有限公司跨境交易发展到中东、南美洲、非洲等 9 个国家,采用线上交易与线下交易相结合,"互联网+外贸"的业务方式。飞跃进出口有限公司的产品已出口欧洲、拉丁美洲、非洲及东南亚、中东等 20 多个国家和地区,潍坊海之源化工有限公司的主打产品纯碱系列和氯化钙系列,被国外客商指定为国内综合采购商[1]。

园区在服务管理、配套环境等方面发挥优势、突出特色,致力于打造跨境电子商务完整的产业链和生态圈。2017 年 10 月,园区建设了两个公共服务平台,引进杭州普特、青岛万鸿国际物流有限公司、青岛吉永国际物流有限公司等跨境电商服务企业,重点为企业提供电商平台建设、通关报检、物流配送、财税服务、法律咨询、人才培训等全产业链服务。

园区自建有中国国际电子商务中心培训学院寿光示范基地,提供跨境电商人才培训服务,2017 年为寿光等地的跨境电商企业培训 20 场、1200 人次。同时,寿光市软件园作为学院"校中园",是学院产教融合、校企合作的基地,园区

---

[1] 刘秀身.聚焦产业发展新机遇 服务当地产业创新水平提升:寿光市软件园国家微小企业创业创新示范基地的实践探索[J].中国培训,2017(03):38-39.

2017年接收各二级学院实习学生230人。

寿光市软件园在蓝工院一楼建设了职工餐厅以及公共会议室，在文化创意大厦提供了仓储配套服务，在孵化大厦建立了物流集配中心，并对符合入园标准的跨境电商企业提供了多项优惠政策：与企业签订三年房屋租赁合同，达到合同中商定的进出口交易额时，三年房租全免；示范及外埠企业享受优惠承租公寓，对国内外知名的综合性或专业性跨境电子商务企业在园区设立分支机构，或建设对园区跨境电子商务发展有重大影响的项目，实行"一事一议"。

下一步，寿光市软件园将继续按照山东省委、省政府打造山东半岛蓝色经济区和建设胶东半岛高端产业聚集区的战略构想及寿光市产业发展的实际，结合潍坊市、寿光市的电子商务"十三五"规划和《潍坊市跨境电子商务综合试验区建设实施方案》要求，打造高端跨境电商综合服务平台。软件园致力于将跨境业务做大、做强、做优，促进跨境电商阳光化、规范化、常态化发展，打造特色鲜明、优势突出、错位发展的跨境电子商务产业聚集区。

三、寿光市开放发展的意见建议

寿光市开放发展有以下几点意见建议。

第一，实施市场多元化战略，助力企业开拓国际市场。积极适应国际市场和国际贸易变化趋势，找准市场定位，确定符合寿光市产品出口的国际市场，有计划、有步骤地推进市场多元化战略[1]。继续巩固亚洲、欧洲、北美等传统出口市场的同时，大力开拓"一带一路"市场，让企业有更多机会"走出去"挖掘新市场。

第二，加强政策配套，促进出口业绩。一是指导企业充分用足用好上级外贸发展扶持资金、国际市场开拓资金等扶持政策，鼓励企业到国外开拓市

---

[1] 陶红.转变江门市外贸发展方式之我见[J].特区经济,2011（02）：45-48.

场、推介产品，鼓励企业完善质量管理体系提升产品质量，支持企业投保出口信用保险等。二是落实好潍坊市《关于推进新一轮高水平全面开放的政策措施》，配套出台寿光市相关扶持政策，从参展参会、国外商标注册、投资保险、金融等多个方面对外贸企业等进行补助和奖励，鼓励企业"走出去"、做大做强。

第三，推动企业加强品牌建设和质量提升。鼓励企业加大研发、技改的投入，积极进行转型升级，提高自主创新能力，向高精尖方向发展，积极申报山东省出口名牌，加大品牌推介力度和商标认证，提升企业产品的核心价值和竞争能力。

第四，帮助企业解决融资难的问题。寿光市外贸企业普遍存在资金缺口较大、银行贷款门槛高的问题，建议市委、市政府协调有关部门对外贸企业实行融资政策倾斜。

第五，减少进出口各个环节的费用，降低企业成本。尤其是海关方面，企业希望简化通关流程，提高通关速度，降低港口、海运及陆运费用。

第六，加大对企业开拓国际市场的支持。一方面，寿光市外贸企业反映补贴力度小，一个企业每年外出参加展会的费用在几十万甚至上百万元，建议对企业的参展摊位费进行全额补助。另一方面，认证是企业开拓国际市场的通行证。例如REACH注册是目前非常苛刻和严重的技术壁垒，是欧洲市场发起的没有硝烟的贸易保护手段，不注册就无法进入欧盟市场。该项注册费用很高，企业势必投入较大的成本，单个产品的REACH注册费用高达400多万元人民币，有的企业REACH注册的整体投入已超过千万。如此巨大的投入一直都由企业独自来承担，REACH注册属于国际认证的范畴，希望在国际认证方面为企业提供专项资金支持。

第五节　潍坊市开放发展建设现状与建议

一、潍坊市开放发展建设成效

(一) 培育利用外资取得新优势

潍坊深入贯彻习近平新时代中国特色社会主义思想和党的十九大精神，认真落实习近平总书记视察山东重要讲话精神，贯彻新发展理念，以新旧动能转换为引领，树立开放强市鲜明导向，抢抓新一轮开放重大机遇，推动大开放、大发展，打造对外开放新高地。积极实施外贸转型升级专项行动，力促贸易优进优出。

1. 外资渠道得到深入拓展

潍坊市坚持股权并购、增资扩股、境外上市、绿地投资"四位一体"，拓宽了外资进入渠道。2018年以来，全市实际使用外资89.44亿元，同比增长14.1%，外资总量保持全省第五位次；新批设立外商投资企业60家，同比增长15.4%；推动60个新批落地项目实现合同外资49.9亿元，48个已落户企业新增到账资金50.2亿元，外商投资战略新兴产业项目占新设项目的26%。

2. 外资并购、增资扩股持续推进

2018年，圣肽生物科技、科乐收机械等企业以股权换来投资，潍柴动力出资1.64亿美元并购加拿大巴拉德，将英国西里斯持股比例提高到20%；2018年9月，晨鸣纸业集团资本公积增资6182万美元，培植了海外资本市场融资资源；

2019年3月,大地盐化集团资本公积增资7000万元。2018年,潍坊市新设立境外企业30家,新增境外实际投资5.2亿美元,增长100.7%;对外承包工程营业额1.8亿美元,增长5.1%。

3. 制造业利用外资实现质和量同步提升

全市制造业实际使用外资80亿元人民币,增长7%,占全市实际使用外资总量的90%,科乐收、埃锐制动系统等装备制造业企业纷纷增加投资、扩大规模,推动潍坊市制造业企业转型升级、高质量发展,促进新兴产业做大做强、传统产业做优。

4. 农产品贸易实现迅速提升

2018年,潍坊市拥有诸城外贸、诸城得利斯、昌乐乐港、昌邑新昌等一批品牌企业,形成了千亿级的畜产品加工产业链,打造了一批智能、精准、高效、绿色农业应用示范基地和示范园区。潍坊中凯农产品冷链物流交易中心年交易额达到104亿元,齐鲁农村产权交易中心已投入运营,东亚畜牧产品交易平台也获准筹备,潍坊市已成为国家境外活体畜牧产品进口重要口岸。预计到2021年,潍坊市将集成发展一批融新技术、新产业、新业态、新模式于一体的农业"新六产"基地,农产品出口贸易额将大力提升。

(二)外贸竞争新优势显著增强

潍坊市积极打造"招商优商"新环境,力促"双招双引"成效。

1. 外贸新业态增长明显

2018年以来,潍坊市新增四家省级外贸新业态主体,分别是诸城市中盈供应链服务有限公司(跨境电商综合服务平台)、山东寿光中印软件园发展中心(跨境电商产业聚集区)、山东海盈互联电子商务有限公司(墨西哥城)(省级跨境电商公共海外仓)、山东智炎众益合供应链股份有限公司(外贸综合服务平台及跨境电商实训基地）。

2. 外贸综合企业持续做大做强

潍坊市国际贸易中心配套建成北方国际贸易综合服务中心、国贸创新创业中心和国贸大数据中心，2018年1—12月入驻企业106家，有实际进出口业务的企业达43家，共完成进出口额15200余万元。

2018年，滨海众益合"化工谷"获批市级跨境电商综合服务平台，赛马力菲律宾海外仓和滨海众益合迪拜公共海外仓获得市级认定。其中，智炎众益合"世界制造网"电商平台国内、国际注册企业分别超过2.3万家、1万家，"化工谷"垂直电商平台国内注册企业达2100多家；海盈墨西哥公共海外仓2019年将实现服务客户50家以上，营业额突破4500万美元。

3. 出口信保对外贸企业的支持力度不断加大

潍坊市商务局、财政局会同中信保潍坊营业部，加大对外贸进出口企业的支持力度，有力促进了全市外贸稳定增长。2018年出口信保支持出口46.1亿美元，服务企业已达1720多家，支持10家企业、带动8家银行使用信保保单融资，融资金额5.1亿元。为潍坊市企业赔付案件51宗，赔款支出4987.9万元。

4. 在政府支持下企业不断开拓国际市场

潍坊市商务局已出台2019年"千企百展"计划，落实财政扶持政策将在展会结束后兑现；同时，企业利用出口信用保险有效拓展了国际市场。

5. 贸易总额增长迅速、服务贸易集约发展取得进展

据统计，2018年以来，潍坊市外贸进出口创历史新高，货物进出口总额达1630.9亿元，增长11.1%；服务贸易进出口总额达185.6亿元，增幅达32.5%，居全省第五名[1]，高于全省17.4个百分点，成功创建为全省5个省级服务外包示范城市之一。

---

[1] 2018年潍坊市国民经济和社会发展统计公报[N].潍坊日报,2019-03-18.

全市新增2个省级现代服务业集聚示范区：潍坊诸城渤海水产智慧冷链物流产业园产业集群（集聚区）、潍坊昌乐黄金珠宝文化创意产业集群（集聚区）。全市新增2个省级服务业创新中心：昌邑市康洁环卫工程有限公司环卫产业智能创新项目、山东鲁寿种业有限公司蔬菜培植一站式创新服务中心。全市新增2个省级服务业特色小镇：齐鲁酒地健康小镇、薰衣草（旅游）特色小镇。2019年3月26日，潍坊市在日本大阪举办了2019潍坊（大阪）经贸交流暨企业恳谈会，成立了驻日经贸代表处及日本潍坊总商会，2018年商会企业已有15家。

（三）开发区体制机制改革持续推进

1. 管理体制改革持续推进

潍坊市不断推动管理体制去行政化，实现服务专业化。全面推进"一次办好"改革、复制推广自贸试验区管理改革经验和持续优化大部门制扁平化管理改革。创新人事和薪酬制度、完善开发区财政预算管理和独立核算机制，提升内生发展动力和活力。潍坊滨海区推行党政机构大部制，将原先的62个部门单位整合压减为19个"大部门"和5个专业化服务部门，将园区管理服务机构由9个整合为6个，实行扁平化管理，减少管理层级，实现一件事情由一个部门负责，实行人员管理双轨制、岗位管理聘任制、薪酬分配动态化。

2. 市场化运营机制改革持续推进

潍坊市坚持"政府主导、企业化运营、市场化运作"，完善提升"管委会+公司"的开发、运营模式。推动开发区打造专业资本集聚型、科技资源支撑型、高端人才引领型的创新创业特色载体，推动科技、人才、土地、财税、金融等优质要素向开发区集聚。鼓励开发区引进专业服务运营商，采取合作共建、整体托管、一区多园等方式加快特色园区建设，加快形成多元参与、模式多样、市场化程度高的开发运营格局。

截至2018年，全市开发区13个开发区成立投融资平台，为入区企业和特色产业集群培育提供精准金融配套服务。PPP项目运作模式走在全省前列，潍坊市开发区共完成46个PPP项目，8个纳入国家PPP项目库。潍坊高新区聚焦聚力龙头企业以商招商，8AT配套产业园通过拉长加宽补齐产业链条，坚持企业主导、政企携手、政策推动，走出了一条以商招商的新路子。

潍坊滨海区组建4个专业化单位，园区管理开发服务机构整合为6个，构建起"1+4+1"国资国企开发运营大格局，专业化服务水平大幅度提高。通过宣传推广优秀园区的运营经验做法，进一步加快全市园区建设步伐。

3. 市场化专业化招商不断强化

潍坊市加快实现干部队伍和招商模式的专业化。推动开发区配优配强领导班子，建立开放型经济人才、高素质管理人才储备库；与经济管理部门、外地先进开发区开展定期交流和挂职锻炼制度；围绕管理人员业务短板，开展定期培训、外地学访等活动。进一步创新实践"招商合伙人"制度，采取政府购买服务方式，在国内重点区域聘请有影响力的异地商（协）会、知名中介机构和专业公司代理招商，提升了专业化市场化招商水平。

截至2018年，全市16个开发区共组建开发运营公司50家，新运作园区项目70个，其中2018年度新成立开发运营公司18个，新运作项目25个；新引进总投资过2亿元项目外资在建项目4个，总投资额58.08亿元，内资在谈、在建项目256个，总投资额2576.9亿元。

潍坊滨海区推行"法定机构+运营公司+招商公司"的管理运营模式，通过封存档案开展专业化招商、严格绩效考核等措施，充分激发招商动力和活力。潍坊坊子区创新资本招商、基金招商模式，引导企业开展产业投资、园区建设，实现了多方共赢。潍坊诸城市创新实践"零增地"招商新模式，极大破解了土地瓶颈问题，促进了招商转型发展。

潍坊市聚焦园区招商，制订出台了重点园区招商方案，通过创新招商模式，引进优质增量，助推园区转型升级。潍柴集团启动千亿美元产业园规划建设；寒亭区嘉实产业园创新PPP招商运营模式，推广"园区主导产业+市场化招商"模块化、组合化招商机制，打造专业园区招商升级版。

4. 产业特色化发展持续推进

潍坊国家农业开放发展综合试验区建设总体方案获国务院批复同意，部省共建全国蔬菜质量标准中心落户寿光。潍坊市获评全省医养结合示范先行市，成为全省6个示范先行市之一。现代农业、高端装备、黄金珠宝、书画交易4个产业集群入选全省首批现代优势产业集群，7个化工园区列入省级化工园区。全市新增2个省级现代服务业集聚示范区、2个省级服务业创新中心、2个省级服务业特色小镇，均居全省前列。

（四）政府服务效能不断提升

1. 投资贸易便利化水平不断提高

潍坊市全面实施"一次申报、一次查验、一次放行"一站式作业，跟进全国通关一体化改革，探索建立"一个理念、四个机制"工作法。叠加应用汇总征税、关税保证保险、"银关保"、自报自缴等改革举措，持续推进通关作业无纸化，推动国际贸易"单一窗口"主要申报业务应用率均达到100%。2018年进、出口全流程整体通关时间压缩至7.52小时、1.28小时；2018年全年共办理出口退（免）税101.67亿元，同比增长10.51%；2019年1—2月共办理出口退（免）税19.39亿元，同比增长26.36%。

潍坊市依据规定对出口企业分为一至四类，实行差异化管理。对一类企业建立专人负责制度，开通"绿色通道"，优先办理退税。2018年，全市核定一类企业80户，新增15户，核定二类企业2092户，新增135户，为一类企业办理退税29.58亿元，占总退税额的37.57%。

全面推行出口退（免）税无纸化申报，逐步提高无纸化退（免）税额的比例。

截至2018年年底,全市17个县市区局无纸化申报实现全覆盖,无纸化出口退(免)税额占到全部退(免)税额的72.03%;2019年1—2月,无纸化企业已达1964户,无纸化出口退(免)税额占到全部退(免)税额的92.01%。取消出口退税预申报环节,大幅精简出口退税涉税资料,取消出口退(免)税备案管理、出口企业免抵退税申报等10类事项的部分资料报送。实施出口退(免)税办理时限标准化服务,进一步压缩出口退税各环节完成时限。全市一类企业、新旧动能转换行业企业2个工作日办结退税手续,其他出口企业平均退税用时比总局要求缩短近50%。

潍坊滨海区组建行政审批局,对上承接31个市直部门214项行政许可事项,对内整合26个职能部门156项审批事项,实现市区两级审批权一体运转和"一枚印章管审批";组建综合行政执法局,集中行使原29个领域34个部门的行政处罚权,实现"一支队伍管执法"。

2. 国际交流合作平台不断扩展

潍坊市高质量打造鲁台会、风筝会、中日韩产业博览会暨贸易投资洽谈会、农商互联大会等开放平台,风筝会荣膺"改革开放40年中国十佳品牌节会"。潍坊保税区功能不断完善,申报获批国家进口活牛、进口肉类、进口冰鲜水产品3个指定口岸,国家进口肉类口岸通过国家正式验收;复制推广自贸区新政策13项,总量居济南关区首位;率先实现区域一体化通关,通关效率提升50%。

2018年8月31日,国务院同意建设潍坊国家农业开放发展综合试验区(以下简称综试区),现已印发综试区总体方案,初步起草了综试区核心区招商激励政策;2019年3月,潍坊国家农业开放发展综合试验区党工委、管委会(筹)组建成立,具体负责协调推进综试区建设。

潍坊市积极建设东亚畜牧交易所平台。东亚畜牧交易所于2016年上线运营,先后在河北、新疆、河南、北京、武汉等地组织专题招商活动,与缅甸、老挝、巴西、哈萨克斯坦等国家建立稳定合作关系，吸引403家会员企业签约，组织市内52家龙头畜牧企业组建成立东亚畜牧交易所供应链企业联盟。积极推动交易所开展存货质押、商票保理等金融服务，开展供应链金融业务。2018年，交易所正与中信集团就从哈萨克斯坦进口饲料小麦、优质牛肉，以及在缅甸筹建物流园等事宜开展合作。

3. 基础设施互联互通不断加强

潍坊市加快港口基础设施建设。完成潍坊港集团股东确认和签约，市政府与山东高速签署渤海湾港口集团组建框架协议。5万吨级航道中央财政资金补助申请获交通运输部批复，山东高速2个5万吨级通用泊位和2个2万吨级滚装泊位已建成并通过专项验收，森达美3个5万吨级泊位减载靠泊7万吨级船舶获批，液化品库区三期工程开工建设，球罐主体建成，浮顶罐完成承台基础及储罐预制，西作业区造纸原料木片堆场项目建成。寿光港石油化工油品仓储项目储罐主体安装完成。

陆运基础设施建设取得较大进展。山东高速综合客运枢纽及办公生活配套项目一期项目、潍坊港航运中心一期项目建成投用[①]。鲁辽大通道自2018年9月12日至2019年上半年，已经完成运输26航次，甩挂车1735部，商品车（含农用装备）224部，运输量71 580吨。

民航基础设施建设进展迅速。2018年潍坊市民航通航城市为13个：北京、上海、广州、深圳、杭州、沈阳、大连、宁波、西安、营口、长沙、南昌、长春。"鲁新欧·青州号"国际班列，2018年共开通14班次，2019年前两个月开通23班次。食品谷新开通潍坊至乌鲁木齐的冷链物流班列，2018年全年，冷链班列稳定运行75列，累计运送冷冻畜禽产品3.25万吨，交易额约6.5亿元。潍坊市充分利用潍坊至昆明回程班列，借助云南河口口岸的"边民互市"政策优势，

---

① 于哲，陈文.潍坊,全国性综合交通枢纽城市雏形已现[J].走向世界,2019（5）：10-12.

积极开拓国内水果批发市场，2018年累计运送火龙果624吨，交易额500万元。

4. 支持应对国际贸易摩擦力度持续加大

潍坊市已建立应对国际贸易摩擦"四体联动"机制，国家部委、地方商务部门、有关商协会、涉案企业四方联动，及时对贸易摩擦进行全程应对。在潍坊市设立了歌尔股份有限公司、山东同大海岛新材料股份有限公司两个省级国际贸易摩擦预警示范点，负责对行业应对贸易摩擦的培训等工作，对每个示范点各向省级财政申请了5万元活动经费。示范点成立后，已组织潍坊市对韩化学产品出口的企业进行了韩国K-REACH贸易壁垒法规预警培训。

5. 人力资源长效保障机制进一步健全

潍坊市人力资源和社会保障局（以下简称潍坊市人社局）强化公共就业服务，搭建人力资源供需交流平台。进一步完善公共就业服务体系，精准对接市场和各类劳动者需求，大力开展招聘洽谈活动，先后举办了50多场大型专场招聘活动。充分发挥市县两级人力资源市场的主渠道作用，2018年共举办各类招聘洽谈会708场，参会单位1.11万家，累计提供就业岗位23.87万个，为就业者和企业提供了优质高效的服务，有效缓解了企业用工难、招工难的问题。

建立完善"互联网+人力资源市场"平台体系，为劳动者和企业提供了精准对接服务。通过完善"潍坊人才网"平台，为求职者和企业提供一站式服务。通过"人力资源市场"公众号，定期发布招聘会举办情况、企业用工信息以及就业政策资讯。在全省率先启动就业创业证与社会保障卡"证卡合一"改革试点，将18项公共就业服务项目全部纳入社保卡办理，实现了社保卡替代就业创业证，切实减少了纸质证明材料，推进公共服务便民化。

（五）"放管服"改革不断深化

2018年以来，市机构编制委员会办公室（以下简称市委编办）以推进"一次办好"改革为主线，全面深化"放管服"改革。

1.推进机制得到进一步改革和完善

潍坊市印发了《关于深入推进"一次办好"改革优化营商环境工作方案》，明确了6项重点任务、10个专项行动和7项配套措施。召开潍坊市推进"一次办好"改革优化营商环境工作会议，对"一次办好"改革进行动员部署，对应优化营商环境10个专项行动，分别成立10个工作推进专班。建立定期调度机制，对16个县市区和30个市直部门单位开展专项调研调度，通过座谈访谈、查阅资料、对账检查、现场查看等方式，认真检查核查"一次办好"改革工作推进情况，对发现的70余个问题，及时督促各责任单位整改落实。

印发《深化"一次办好"改革优化营商环境宣传工作方案》，通过在《政务工作交流》开辟并深入推进"一次办好"改革专刊、建立"一次办好"改革工作专报、改革案例评选、利用"潍坊职能转变"微信公众号等多种形式，集中宣传"一次办好"改革。

2.重点难点工作进一步突出并落实

潍坊市围绕构建服务通用基础、服务提供、日常管理、岗位职责等四大标准体系，先后建立了811项政务服务工作标准。加快推进政务大厅"一窗受理"，对多个业务模块按照"一窗受理"要求进行整合，在市级层面，将43个部门的712项审批服务事项拆分成1064种事项情形。

深入推进关联事项"一链办理"，深化政务服务"一网通办"，推行网上审批和政务热线"一线连通"，创新推进贴心帮办"一次办结"。为深入推行"一次办好"集中审批，2018年12月29日，市行政审批服务局正式挂牌组建，进一步提高了企业和群众办事便利度、快捷度、满意度，真正实现了"一枚印章管审批"。

全面推进优化营商环境10个专项行动，改革取得突破性成效。例如，全市企业开办、不动产登记实现3个工作日、5个工作日办结，较以往提速60%以上；简化水气暖报装程序，水气暖报装时限分别压减到12、18、30天，压减比分别达到 77.8%、62.5%、66.7%。

潍坊市持续推进信息互换共享。依托市政务信息资源共享交换平台，汇集 60 多个市级部门和 16 个县市区的政务信息数据达 1 亿多条，公安局、卫生和计划生育局等 30 多个市直部门和县市区实时在线资源交换、数据获取和查询比对总量达到 2.1 亿余条。

3.简政放权力度持续加大

潍坊市及时调整行政权力事项。2018 年 4 月，及时对市级相关部门、单位部分行政权力事项进行调整，调整后，市级共保留行政权力事项 4067 项，行政许可事项 247 项。同时，编制公布市县两级中介服务项目清单（市级 54 项、县级 48 项）。进一步推进"证照分离"改革，开展"减证便民"行动，深化商事制度改革。

二、潍坊市开放发展面临的主要问题及解决途径

（一）开放发展面临的主要问题

潍坊市开放发展政策措施在具体实施过程中，仍存在不少难点堵点，具体表现在以下方面。

第一，行政审批平台完全开放尚需一定时间，开放发展推进机构尚未全面设立。行政审批服务局组建涉及部门多、涉及事项多、涉及人员多，平台开发需要时间，需要设一定时间的过渡期。开放发展工作组织推进体系不健全，部分县市区、市属开发区未设立开放发展专门推进机构。

第二，开发区管委会难以做到完全的"去行政化"。当前滨海区管委会既承担园区开发建设、招商引资职能，同时承担民生保障、信访维稳等社会职能，管委会架构基本等同于县级政府，很难做到完全的"去行政化"。"园

区管理机构+园区公司"模式运营层次不高。当前对"园区管理机构+园区公司"运营仍处于思考和探索阶段,虽然部分园区进行了市场化改革,但园区管理机构与园区公司之间职责还不清晰,园区公司的市场化运营意识、业务拓展能力较弱,拥有的资源较少,多数处于较低层次的运营阶段,人员进出流转仍不够通畅。

第三,政府多部门管理加重企业管理成本。潍坊市开放发展过程中仍存在多部门管理的现象,例如企业环境标准检测就同时有两个部门监管。首先,多部门管理加重企业管理成本。一方面,多部门管理导致企业不清楚到底哪个部门管自己,同一业务由政府不同部门管理,界限有时候并不明晰,政府不同部门分工存在交叉;另一方面,企业为了应对多部门管理,安排专业的人员组建政府事务团队,导致企业的政府事务成本增加,这些都在一定程度上加重了企业的管理成本。其次,多部门管理导致重复管理和管理空白。一方面,对于同一个企业、同一个项目,每个相关部门都有权利和责任进行监管,多部门的共同治理往往造成过度管理,增加企业应对政府管理的成本,甚至导致某些监管政策违背原来制定的初衷;另一方面,监管在一定程度上意味着要承担相应的责任风险,对于某些可管可不管的领域,政府监管部门有时候会采取规避态度,当各部门都采取规避态度的时候,就造成了监管空白,这样容易使企业产生不规范的行为,还容易导致企业遇到问题投诉无门。再次,多部门管理模糊了政府部门间的职责边界。多部门管理使得各个部门在管理界限确定上存在一定的模糊性,这就导致各部门对于权限内的事务可以管,也可以不管。企业对政府各职能部门事务认识不清晰,这就导致企业不能精确地找到相关部门。

第四,中日韩产业博览会主办层次不高。当前,中日韩产业博览会还是区域性的地方展会,尚未上升到国家级,有待提升到由山东省政府会同中国国际贸易促进委员会(以下简称中国贸促会)、商务部、外交部等国家有关部委联合主办。根据全国清理和规范庆典研讨会论坛活动工作领导小组办公室对各省举办的国家级展会实行总量控制的有关规定,中日韩产业博览会要想成为山东省政府和国家部委主办的国家级展会,需要取消省内一个由省政府主办的展会,在操作上存在困难。

第五,潍坊食品谷片区建设仍未完全启动。国家农业开放发展综合试验区食品谷片区产业规划和控制性详细规划编制尚未启动,产业布局、区域梯次开发顺序还不够清晰;食品谷片区缺少强有力的国有投融资平台来承担区域开发建设和投融资及品牌运营任务。

第六,东亚畜牧交易所平台服务仍不健全。交易所服务能力不足,企业上线交易意愿不强,导致线上交易量低下,交易所缺乏专业团队操作运营。

第七,港口基础设施互联互通仍需进一步加强。受围填海建设项目限批政策影响,潍坊港5万吨级航道未能按计划全部落实配套建设;渤海湾港口群发展规划修编工作进度缓慢影响港口建设。鲁辽大通道经济效益差,运营公司亏损较大,甩挂运输在目前的运输环境下收入受限、费用偏高、劣势明显,再加上船舶自身的适航缺陷,造成较大亏损,山东潍营渤海重滚船务有限公司2019年尚未进行新约鲁辽大通道运输业务。

(二)主要问题的解决途径

基于上述问题,潍坊市可通过以下途径予以解决。

第一,进一步推动开放发展工作。建立健全市级和县级开放发展工作组织推进体系,配齐人员,增强工作力量,明确职能职责,强化对开放发展工作的指导推动,建立健全开放发展考核评价体系。

第二,进一步加强开发区体制机制改革。进一步加强对"管委会+公司"运营模式的顶层设计,理清管委会与公司的定位关系,对管委会实行"瘦身",突出主责主业,强化社会管理和服务职能,弱化经济事务,实现"小政府、大服务";对招商引资、项目服务、经济发展等职能,交由市场化公司来运作,可考虑选择条件成熟的专业化园区进行试点。建议继续加强园区市场化运营的制度设计,可考虑园区管理机构与园区公司实行一个机构一套人马，赋予园区公司充分的管理服务职能，注入优质资源，给予优惠政策，让园区实现良性发展。建议相关部门研究出台开发区党政机关工作人员身份、编制及进出通道的管理办法，解决人员流动的后顾之忧。

第三，进一步推动中日韩产业博览会升级。2018年12月15日，市委、市政府向省委报送了《关于将中日韩产业博览会升级为国家级展会的请示》(潍委〔2018〕148号)，提出为更好发挥博览会平台作用，申请将中日韩产业博览会升级为国家级展会，作为深化中日韩之间产业及经贸合作的高端平台，由外交部、商务部、中国贸促会、省政府共同主办。针对提升中日韩产业博览会平台作用，请市委、市政府出面，加强向省委、省政府的汇报对接，请省委、省政府研究，完成中日韩产业博览会的顶层设计，打造国家级重点展会。

第四，进一步加快食品谷片区建设。尽快启动潍坊国家农业开放发展综合试验区食品谷片区产业规划和控制性详细规划编制工作，明确产业布局、区域梯次开发顺序，确定工作重点和产业发展方向；加快组建综试区管委会（筹）国有投融资平台公司，以承担区域开发建设、投融资及品牌运营任务；请市政府尽快研究出台针对综试区的招商优惠政策，为"双招双引"工作提供政策支撑。

第五，支持东亚畜牧交易所开展供应链金融服务试点。建议市金融局协调有关金融机构就交易所供应链金融业务进行专题研究，围绕做大交易所线上交易量这一目标，协调有关部门出台扶持政策，引导潍坊市重点畜禽龙头企业上线交易，将交易所打造成为全市畜禽企业提供全方位服务的综合平台。

三、潍坊市开放发展的指导思想与发展建议

（一）潍坊市开放发展的指导思想

1. 提高政治站位，不断加大工作力度

潍坊市各级各部门应高度重视，充分认识推进新一轮高水平全面开放的重要性和紧迫性，坚持思想再解放、改革再深入、工作再抓实，全面推进文件落实机制，突出"多领域""全方位""高层次"发展，突出外贸、外资、外经、外包、外智、外标等外向型重点工作。要坚决服从改革大局，切实加大工作力度，细化分解任务，明确时间表、路线图和责任人，拿出精细精准、务实管用的落实措施，按照时序节点快速有效推进。

2. 坚持问题导向，尽快推进落实整改

潍坊市要针对开放发展战略实施中存在的短板问题和薄弱环节，认真开展全链条梳理剖析，查找存在问题的原因，找准政策落实中的堵点难点，举一反三，有针对性地制定整改措施，认真进行整改。

一是要加大政策制定前的走访调研，合理确定政策受众。二是要提高政策执行灵活度，加大事后监管力度，政府管理部门要有容错机制，真正做到"法无禁止皆可为"，在法律允许范围内学会特事特议和例外处理。三是要保持政策的延续性和稳定性，更好地促进"双招双引"和企业投资。四是要分层、分级制定政策，在重点扶持大型企业的同时，引导中小企业抱团发展。五是推行配套企业集群制管理，鼓励潍柴集团等龙头企业实行5千米以内配套企业优先服务的企业管理制度，以真正达到产业集聚和融合发展的效果。

3. 健全长效机制，增强考核

潍坊市要进一步强化督导考核，跟踪督办，及时发现问题、解决问题，倒

逼抓好上级政策落地。建立健全推进新一轮高水平全面开放工作长效机制，对于市场主体关注的重点难点问题，要及时研究解决，回应社会关切，合理引导预期[1]，努力开拓潍坊市开放发展新格局，打造全市开放型经济新优势。

4. 扩大宣传，提高政策知晓度

政府主管人员要深入企业，提高服务主动性，为企业提供全方位"保姆式"服务。要加强政策解读，分析筛选相关企业，组织召开政策宣讲会，深入重点县市区和重点企业宣传解读，确保政策宣传到位、贯彻到底、执行到位，充分发挥政策的引导作用、撬动作用和溢出效应。全面开展"双联双帮"活动，深入基层开展走访调研，重点走访相关企业上门送政策。定时开展企业培训，全面落实外资备案及"服务大使"制度，做到企业人人知政策、人人懂政策、人人用政策，引导企业真正用活用好相关政策，更好地享受政策红利。

（二）潍坊市开放发展的政策建议

推进新一轮高水平全面开放是深入贯彻习近平新时代中国特色社会主义思想和党的十九大精神、认真落实习近平总书记视察山东重要讲话精神、贯彻新发展理念的重要举措，潍坊市应进一步树立开放强市鲜明导向，抢抓新一轮开放重大机遇，推动大开放、大发展，打造对外开放的新高地。2018年9月，市委、市政府印发了《关于推进新一轮高水平全面开放的政策措施》（潍发〔2018〕26号），对新常态下潍坊市全面开放发展提出了目标定位。

推动潍坊市全面开放发展，就是要以习近平新时代中国特色社会主义思想为指引，学习贯彻习近平总书记视察山东重要讲话精神，落实省委十一届五中全会和市委十二届六次全体会议精神，推动思想再解放，推进全市全面开放发展。潍坊市开放发展工作任重道远，需要深度谋划，积极推进，现对全市开放发展

---

[1] 国务院办公厅关于聚焦企业关切进一步推动优化营商环境政策落实的通知[J].中华人民共和国国务院公报,2018-11-30.

工作提出意见建议如下。

第一,创新理念定位、培育对外开放新优势。坚持世界眼光、国际标准,发挥本土优势,借力国家战略,把区域发展战略和对外开放战略紧密结合起来,形成对外开放和区域发展相互促进、融合共进、共同提升的综合竞争优势[1]。

第二,继续加强人才引进培养制度。以"人才兴潍"理念为指导,大力引进培养产业发展所需要的高端人才与技术人员。加强对高端人才的人性化管理,针对不同层次人才出台不同的奖励政策[2],进一步完善人才发展的软环境,制定相关政策,科学解决人才留潍面临的居留、教育、创业、融资等相关问题,为人才发展提供舒适、便捷的工作与生活环境。

第三,明确城市定位,完善基础设施建设。以市委、市政府"四个城市"建设为契机,完善城市基础设施建设,加快产业转型、城市接轨、动能转换,建设富裕文明充满活力的现代化强市[3]。

第四,发挥区位优势,打造优质产业基地。充分发挥潍坊东联半岛、西接内陆的区位优势,大力发展陆海联运、铁陆联运、陆航联运等运输方式。加强集群产业化示范基地建设,培育新型科技龙头企业,拓展产业链条。围绕区域特色产业尤其是高附加值优势产业,对特色集群的关键技术项目进行产业化开发。建立科技企业孵化器,建设科技成果产出与产业化对接机制,进一步探索科技产业化发展新模式。要继续发挥开放引领作用,培育有全球影响力的先进制造业基地和高端农业经济区,更好地发挥带动辐射作用[4]。

第五,规划现代化交通线路,建设国际化交通枢纽城市。为更好地发挥城际铁路对高新区发展的带动作用,高新区委托美国W&R国际设计集团对高新

---

[1] 周军伟."十三五"时期创新开放发展模式的思考与建议[J].创新科技,2015,188(10):4-8.
[2] 王怀岳.在创新对外开放模式上取得新进展[N].人民日报,2014-01-23.
[3] 姚沅志."四个城市"的谋与为:潍坊深化供给侧改革 推进"四个城市"建设[N].山东画报,2017-12-05.
[4] 合作共赢谱新篇[N].光明日报,2016-02-03.

区设置城际站点进行了可行性研究。期间也咨询了有关铁路设计机构,各设计机构一致认为,从城市布局、交通需求、客运量需求、公交化运营等方面综合考虑,在高新区设置一处城际站点非常有必要,且技术路线可行。拟设城际站点的建设,不仅服务于潍坊市区东部的聚集人口,缓解了潍坊站的客运交通压力,而且彻底打通潍坊地区东部活力动脉,拉大城市发展框架,必将推动潍坊东部区域的快速腾飞崛起,从而给潍坊带来新的发展机遇。

第六,加强知识产权保护力度,打造国际宜商环境。保护知识产权就是鼓励创新,加强知识产权保护是促进开放、打造一流营商环境、提高区域竞争力的最有效措施。让"引进来"的国外投资者和技术转移者吃下定心丸,也让"走出去"的中国企业增强核心竞争力[1],助推更多优质产品涌现出来。

(三)潍坊市开放发展的工作重点

潍坊市开放发展的工作重点有以下几个方面。

第一,进一步加大招商引资力度。围绕"十强"产业,组织重大招商活动。突出重点国家和地区,分批次开展系列招商引资活动。务实举办风筝会、鲁台会等重大节会期间的"双招双引"活动。推进精准化、市场化、产业链招商,探索"团队+技术+资本"招商新模式,加强与世界500强及行业领军企业对接合作,推进落实一批重大项目,大力优化外商投资环境。

第二,进一步促进外贸稳中提质。大力发展新业态,积聚外贸发展新动能。鼓励外贸综合服务企业加快发展,发挥外贸综合服务企业的辐射带动作用。培育外贸新业态,培强做大跨境电商园区和综合服务平台。围绕"一带一路"、自贸区和重点国家市场,组织品牌企业"走出去",加大国际市场开拓力度,充分挖掘品牌企业的出口潜力,积极创建一批国家外贸转型升级基地。

第三,持续推进服务贸易突破发展。稳步发展传统服务贸易,加快发展新

---

[1] 江炫谊.以新时代主要矛盾推动我国经济建设[J].学理论,2019.(10):81-83.

兴服务贸易，挖掘企业服务贸易业务，不断扩大服务贸易规模。扎实推进省级服务贸易创新发展试点，大力发展服务外包，培强做大一批服务外包基地和规模以上企业。

第四，加快推动开发区转型创新发展。学习借鉴南通市开发区发展经验，在人事、薪酬、特色园区建设、"双招双引"等方面破除束缚障碍，大力推进"管委会＋公司"市场化、专业化建设运营。以项目考核为核心推动转型发展，加快打造对外开放新高地、新旧动能转换示范区、高质量发展引领区。

第五，支持建设国家农业开放发展综合试验区。充分发挥潍坊市现代农业产业优势，吸引集聚国际高端涉农资源，为农业开放发展探索新路子。立足潍坊市制造业产业基础，突出企业主体地位，夯实制造业国际化发展基础，带动全市制造业的整体提升。

第六，持续深化"放管服"改革。扎实做好审批服务局组建工作，围绕持续深化"一次办好"改革，做好事项、人员划转，人员培训和平台建设工作。持续深入推进优化营商环境10个专项行动，加快推进信息互通共享平台建设，加强政务服务体系建设，加快推进权责清单标准化、规范化建设。

第四章

新旧动能转换下企业开放发展典型示例

第一节　歌尔股份有限公司开放发展案例

一、歌尔股份有限公司开放发展现状

歌尔股份主要从事声光电、传感器、微显示光机模组等精密零组件,以及虚拟/增强现实、智能音频、智能穿戴、智能家居等智能硬件的研发、制造和品牌营销活动,目前已在多个领域建立了综合竞争力[1]。歌尔集团在智能音响、VR、机器人、无人机等领域研发水平已经位于国际前沿,正全力打造"软件+硬件+内容"的完整产业链条。

王润萌研究指出,秉持一站式服务为客户创造更大价值的理念,"歌尔股份打造了在价值链高度垂直整合的精密加工与智能制造的平台,通过集成跨领域技术提供系统化整体解决方案"[2]。

二、歌尔股份有限公司开放发展需求

在改善营商环境、促进开放发展方面,潍坊海关积极宣导,企业积极配合,取得了一定的成效,为企业进出口营造了良好的氛围。特别是国务院 21 条促进综合保税区发展的具体政策的下发,打造了综合保税区政策高地,极大地改善了潍坊市综合保税区的营商环境。

第一,综合保税区监管创新模式应尽快落地实施。综合保税区"四自一简"

---

[1] 李庆坦.CEO 海外经历对企业盈余管理的影响 [D].徐州:中国矿业大学,2018.
[2] 王润萌.GD 公司研发人员流失与保留策略研究 [D].长春:吉林大学,2019.

的监管创新模式,即企业自主备案,自主自定核销周期,自主核报,自主补缴税款,海关简化业务核准手续,这几项措施将极大地提高企业的工作效率,给企业带来实实在在的通关便利。潍坊海关应尽快出台实际业务操作指导流程,指导企业切实享受到政策红利。

第二,综合保税区保税研发政策应尽快落地实施。歌尔股份在综合保税区内的企业属高新技术企业,每年公司投入巨资用于新产品研发,因此公司对保税研发存在强烈需求。保税研发政策的实施,将切实解决歌尔股份每年对研发物料进行巨额补税的瓶颈问题,降低企业的研发成本,提高企业的竞争力。

第三,简化综合保税区货物进出区管理应尽快落地实施。海关总署关于简化综合保税区货物进出区管理的公告是综合保税区内企业的重磅利好政策,该政策解决了区内企业最大的业务瓶颈和业务痛点——进出区通关时效问题。

第四,对综合保税区一般纳税人试点政策应进行积极应对。关于综合保税区进行一般纳税人试点政策,歌尔股份正根据公司的未来发展方向和业务范围进行成本测算。按照目前其他综合保税区实施的情况来看,该政策并不适用于公司目前的发展需要,但从长期来看,该政策对于区内企业打造境内境外两个市场、提高企业灵活性的竞争优势必将产生积极和深远的影响。

第二节　佛吉亚投资有限公司开放发展案例

一、佛吉亚投资有限公司简介

为了给潍柴动力提供商用车发动机后处理系统产品,助力潍柴发动机产品在投入使用后不断满足日益严苛的尾气排放标准,降低其对生态环境尤其是空气质量的影响,满足公众对生态问题的关注,佛吉亚(中国)投资有限公司做出了战略性决策,立足潍坊,近距离为客户提供优质的产品和服务,2017年10月,在潍坊市招商局领导的关注与大力支持下,与山东银轮热交换系统有限公司合资,成立了如今的佛吉亚银轮(潍坊)排气控制技术有限公司。

二、对外开放为佛吉亚投资有限公司发展提供的机遇

潍坊市高新开发区作为国家级高新技术开发区,在资源优势、配套服务、流程优化等方面为佛吉亚投资有限公司的发展提供了良好机遇,主要体现在以下方面。

第一,交通便利,地理位置优越。潍坊高新区周边分布青银、荣潍、长深、青兰、荣乌、潍日六条高速,同时距离潍坊火车站、潍坊机场均在40分钟车程内。这对于公司原材料的运输、商务谈判、外部资源支持都有着重大意义。

第二,基础设施建设不断完善。2018年以来,公司周边的公路主干道都有不同程度的新增和完善,这对于员工上下班出行和人才的引入都有一定的积极意义。同时,周边的小区也越来越多,完善的配套设施吸引了一些愿意与公司共同成长的员工选择把家安在潍坊市高新区,这是企业管理者深受感动和鼓舞的。佛吉亚投资有限公司也将履行社会责任,为员工提供安全舒适的工作环境和有竞争力的就业机会。

第三,流程简化,效率提升。在加快转变政府职能方面,潍坊高新区秉持"最大程度简化流程、最大限度提高效率"的原则,相继探索出并联审批、告知承诺、"模块化"审批等创新型服务方式[①]。就拿一个例子来说,近年作为制造业关注力度空前的环保审批事项,在过去,项目立项、可行性研究、能评、环评,每一项审批都需要分别准备资料并专程到相关主管部门窗口进行审批流程,

---

① 杨国胜,张蓓,刘杰,等.潍坊高新区:项目从"立"到"建"仅1个月[N].中国高新技术产业导报,2017-10-16.

对于企业来说，这些环环相扣的流程耗费了大量的时间，一定程度上拖慢了项目的进度，在严峻的商用车市场环境下，任何一点延迟都有可能失去一个机遇，甚至承担巨额的损失；而在高新区，公司的环评手续仅需一次性递交所有材料，在一周时间内就能取得环评批复，使项目得以顺利开展，真正意义上为企业赢得了时间，甚至是赢得了市场和竞争力。如今，所有入驻高新区的企业都能够享受到快捷高效的审批服务，提高的效率积少成多，实实在在地为企业助力，也潜移默化地提升了潍坊高新区的形象。

三、佛吉亚投资有限公司开放发展建议

佛吉亚投资有限公司开放发展的几点建议。

第一，企业与市商务局及有关部门应加强联系，即时了解相关政策导向。对于潍坊市委、市政府推进新一轮高水平全面开放的政策措施，公司并没有及时清晰地了解认识。企业要想从政策中获得切实的利益，前提是需要一个相对固定且易于获取信息的渠道。沟通是桥梁，只有充分了解相关政策，最好是能得到准确的解读，企业才能够找到下一步发展的方向。当然，如果政府能够为企业"量身定制"一些方案，新一轮高水平全面开放政策的实施工作会更加顺畅，效率会大大提升。

第二，建议政府加强配套产业的扶持与引进。在成本日益增长的客观背景下，佛吉亚投资有限公司面临当地配套资源不足的情况，曾经有一段时间，公司一直为无法找到一个合适的当地供应商而苦恼。这个问题的产生，一部分来源于信息不对称，但更主要的是配套产业并没有发现高新区这片沃土。如果政府能够有侧重、有倾向地引入一部分配套产业，就可以使高新区的业态更为完整、健康。

第三，建议政府开拓更多的用工渠道，以解决企业用工难的问题。当前制造业影响波动较大的为人工成本，作为企业，希望在政府的支持下开拓更为广阔的用工渠道，在给当地居民带来就业机会的同时，保障公司的持续稳定发展。

第三节 山东海盈互联电子商务有限公司开放发展案例

一、山东海盈互联电子商务有限公司简介

山东海盈互联电子商务有限公司（以下简称山东海盈）成立于2014年，注册资本300万元整，公司位于潍坊市电子商务产业园3层，办公面积1000平方米左右。山东海盈是一家涵盖新型海外精准推广、海外仓储展示、交易撮合、订单孵化、订单综合服务、物流运输、垫付退税、融资保险、跨境电商分销、跨境园区运营以及跨境人才培训等跨境贸易全生态的新型跨境电商综合服务企业。

山东海盈下设山东海盈国际货运代理有限公司、山东海盈国际贸易有限公司、青岛海盈互联电子商务有限公司、安丘海盈互联电子商务有限公司、临朐海盈互联电子商务有限公司、海盈商学院等分支机构。公司现有员工53人，其中本科及以上学历50人，具体包括管理人员5人，技术开发维护人员4名，跨境电商业务人员34人。公司聘请了外部跨境电商资深顾问4名。同时因海外仓业务需求，通过派驻及在墨西哥本地聘请的方式构建墨西哥海外市场推广部及技术部合计10人，进行海盈海外仓的运营及管理工作。公司下设订单孵化部、物流订舱部、外贸综合服务部、跨境电商部、财务部、客服部、培训事业部。

山东海盈自成立以来一直合法经营，银行企业信用等级4A级，各方面企业信用良好，是潍坊市重点支持建设的新型跨境电商综合服务企业，是本地区为推动外贸企业发展、构建新的外贸增长点提供全方位服务的新型跨境电商综合服务生态体系的重要一员。

二、海盈墨西哥海外仓建设现状

（一）海盈墨西哥海外仓设立背景

山东海盈践行国家战略，依附"一带一路"蓝图，抓紧推动跨境电商公共海外仓网络建设，成立了墨西哥跨境电商公共海外仓（以下简称海盈墨西哥海外仓），支持"优进优出"，进一步完善了新业态海外仓储物流和分销等服务贸易体系，服务中国企业走出去。

海盈墨西哥海外仓所在国家墨西哥是全球重要的经济体，经济实力雄厚。海盈墨西哥海外仓建成时间为2017年1月，坐落于墨西哥首都墨西哥城的中心城区，拥有海外员工10余名，建设面积约2300平方米；地理位置优越，利于货物的集散及分销。

山东海盈通过投资并购国外公司的方式获得了海盈海外仓的经营权，在股权结构上，山东海盈持有公司半数以上股权。山东海盈用时一年筹备建设海盈墨西哥海外仓，自2017年1月起，已初具规模并为国内十几家外贸企业提供仓储服务，同时海盈墨西哥海外仓已与当地政府建立良好的合作关系，签订了相关合作协议。

（二）海盈墨西哥海外仓服务模式

海盈墨西哥海外仓主要帮助企业进行产品展示营销，小批量批发分销。入驻海外仓的主要产品品类有纺织品、玩具、童车、工艺品、轮胎、机械产品等。海外仓除了为国内的外贸和生产型企业提供物流仓储订单对接等服务外，还在墨西哥建立海外仓服务团队，直接面对国外客户。

同时，海盈墨西哥海外仓已与墨西哥当地商超（好事多、城市超市以及沃尔玛）及企业，包括墨西哥当地的加西亚运输公司（墨西哥城当地最大的物流运输公司）签订长期合作协议，建立良好的合作关系，形成了长期合作，为国内客户和企业提供一站式跨境电商海外仓服务。

海盈墨西哥海外仓是开拓线下分销、打通世界物流配送的整合者以及增值服务的赋能者，将更多国内优质产业、优质产品带到了海外，助力优质企业实现转型升级和模式创新。山东海盈致力于打造"大贸服务一体化、平台化"战略，将贸易链条各个服务环节进行整合，对接政府单一窗口，帮助中小企业通过跨境电商走向全球市场，为企业降低成本，提高效率，提供一站式外贸服务。通过公共海外仓提供的服务，卖家不仅可以把中国产品卖到更多国家，还可以采购进口原材料，同时进口欧洲、大洋洲、中亚、东南亚、非洲的产品，卖给中国本地的消费者[1]。

海盈墨西哥海外仓服务模式一经推出，即得到全市外贸企业的支持，海盈墨西哥海外仓在2018年共为30家企业提供海外仓储服务，海外仓营业额达到3000多万美元。海盈墨西哥海外仓陆续在南美洲国家以及非洲国家分别建立海外仓储体系，吹响共建全球海外仓的集结号，缔结服务贸易命运共同体，实现了全球卖、世界通，给制造企业、经销商、分销商、服务商提供了一个开放、透明、多元、立体的服务平台。

海盈墨西哥海外仓通过整合跨境电商产业链、提供平台化服务、聚集产业链，为企业提供了更加优质的服务和资源，帮助他们实现转型升级，打造中国制造优质品牌；帮助中小企业通过跨境电商及线下分销和本地服务走向全球市场，实现了品质出海，共享数字贸易的红利。

三、开放发展背景下海盈墨西哥海外仓发展规划

海盈墨西哥海外仓通过全方位体系化的综合服务，切实解决企业现实存在的问题，在接下来的发展中将主要解决企业海外业务来源，提升企业跨境业务

---

[1] 荣郁.哪里是外贸企业订单"新掘金地"[N].国际商报,2017-04-17.

能力，降低企业经营成本，在提高经济效益的同时，在推动当地外贸"稳增长调结构"方面发挥巨大的社会效益。

第一，帮助企业建立自己专属的海外营销渠道。积极寻找国外客户和订单，为没有外贸团队的企业提供专业化团队服务，解决"未开壶"企业问题以及帮助内销企业开展外贸业务。

第二，提升外贸企业服务能力。通过海外仓规模化效应，帮助外贸企业以更低的价格获取外部服务，降低企业经营成本的同时，增强企业出口竞争力。

第三，配备专业的海外仓运营团队。为企业提供进出口订单综合服务，减少中间环节，降低成本。

第四，帮助传统外贸出口企业打造属于自己的品牌和竞争力。通过跨境电商公共海外仓服务，帮助企业摆脱OEM代加工低端模式，提高企业出口利润，助力企业升级转型。

第五，提高海外仓平台的吸附集聚能力。在做大当地出口规模的同时，为当地的银行、保险、物流、会展等外贸服务机构提供了大量的业务来源，可使当地所在城市成为山东省外贸行业的"标杆"，助力成为集人才流、资金流、货物流为一体的外贸中心聚集区。

第四节　诸城市中盈供应链服务有限公司开放发展案例

一、诸城市中盈供应链服务有限公司简介

诸城市中盈供应链服务有限公司（以下简称诸城中盈）是服务于诸城市中

小外贸企业的创业创新平台，公司定位于打造全省跨境综合服务平台，集新型海外精准市场推广、产品展示、交易撮合、订单孵化、订单综合服务、物流服务、垫付退税、融资保险、知识产权、跨境电商分销海外仓储展示、跨境园区运营及跨境人才培训于一体。

诸城中盈在建项目为中盈巴西公共海外仓，目前正处于深度建设阶段。由诸城中盈打造的诸城跨境电商综合服务平台已投入运营，并在2018年由潍坊市商务局推选入围省级外贸新业态跨境电商平台服务企业。

二、诸城市中盈供应链服务有限公司开放发展现状

2018年，诸城中盈服务客户67家，并为企业带来国外询盘量累计1865条，为企业带来外贸订单2308条，出口贸易额1108.98万美元。公司核心业务开展情况如下。

（一）进一步拓展业务板块

诸城中盈在原有服务板块的基础上增加了企业知识产权服务。公司为诸城企业提供包括科技项目（高新技术企业认证）、贯标认证、知识产权等服务，通过"知识资源（IP）+跨境电商平台+智能物联网"，整合线上线下、国内外资源的服务，解决企业知识产权商品化、产业化、金融化问题，创造企业新价值。

（二）进一步加深国际合作

公司已对接巴西政府，成功邀请巴西国家议员来潍寻求发展合作，主要就采购农机具、化肥、灌溉设备、钢材等产品进行业务洽谈，同时将巴西优质非转基因大豆、牛肉等产品输送到国内等国际贸易事宜进行洽谈。相关事宜已报备各级政府相关部门。初步对接诸城企业包括山东得利斯农业科技股份有限公

司、福田雷沃国际重工股份有限公司等。

2019年3月，巴西罗赖马州州长代表、巴西华人商会会长蔡国庆先生以及商会理事吕正雄先生，在诸城市商务局领导的陪同下对诸城地区的相关企业进行了考察走访。考察的主要企业包括：福田雷沃国际重工股份有限公司车辆厂、山东新郎希努尔集团股份有限公司、山东得利斯食品股份有限公司、山东佳士博食品有限公司、诸城东晓生物科技有限公司、福田雷沃国际重工股份有限公司农机具工厂、山东中航泰达复合材料股份有限公司、山东小康包装机械有限公司以及山东新大新食品工业装备有限公司。考察期间，诸城中盈与巴西CKD公司签署了"山东（巴西）报税海外仓"项目的战略合作协议，共同打造"中巴经贸合作港"。

三、诸城市中盈供应链服务有限公司开放发展建议

诸城中盈开放发展的几点建议。

第一，体现和谐社会发展观，丰富现代服务业发展业态。诸城中盈将带领中小外贸企业创新发展，提高跨境产品竞争力，为发展诸城市跨境电子商务业务创造有利条件。同时，政府应进一步发展跨境电商产业链，鼓励传统企业依托电子商务转变经营方式，丰富营销手段；支持跨境电子商务产业围绕技术、物流、服务创新等方式，以平台为重要载体，以供应链服务企业为桥梁，推动跨境电商的发展，实现出口的持续增长。

第二，引进业内高端人才，优化人口结构。诸城中盈在项目开发与建设过程中，应进一步吸引入驻平台的中小外贸企业，在形成产业规模的同时，为电子商务产业发展带来一大批高层次人才，进一步优化本地人口结构。

第三，进一步提升城市形象、增强区域活力。诸城中盈将重点发展跨境电子商务、海外仓拓展等产业，使之成为地区跨境电子商务的发展中心，使所服务企业逐步形成产业集聚以及重要的知识型产业人才培训基地。

第五节 山东赛马力发电设备有限公司开放发展案例

一、山东赛马力发电设备有限公司简介

山东赛马力发电设备有限公司（以下简称赛马力公司）于2007年成立于潍坊市，是潍坊市特别是高新区本地培育下成长起来的国家火炬计划重点高新技术企业、出口外向型重点企业，产品销往东南亚、南美洲、非洲、欧洲等40多个国家和地区。企业核心产品为柴油及气体发电机组，拥有专利超过50余项，是山东省专利明星企业。赛马力公司拥有省级企业技术中心、省级"一企一技术"研发中心、省中俄新能源研发中心三大省级创新平台，是山东省制造业单项冠军、山东省中小企业隐形冠军企业、山东省瞪羚企业、潍坊市隐形冠军企业。

二、山东赛马力发电设备有限公司菲律宾海外仓建设现状

赛马力公司从成立之初便将东南亚市场尤其是菲律宾作为主要开拓市场，同时针对菲律宾的地域特色及市场需求，依托省级研发平台及各大高校的人才优势，研发设计了符合菲律宾当地市场需求的特色产品，赢得了菲律宾客户对公司产品的高度认可，也得到了广大客户的青睐。2018年，赛马力公司的产品占据菲律宾40%的市场份额。

通过菲律宾市场的开拓，使赛马力公司看到了菲律宾的市场潜力及巨大的市场商机，但是在企业开拓市场的过程中，海外物流成为公司发展业务的重要制约。

海外物流耗时长、费用高，影响了出口业务的进一步发展。在发展过程中公司看到了跨境海外仓的发展空间，因此于2017年3月6日在菲律宾成立了分公司、设立了海外仓库，并且菲律宾海外仓于2018年被认定为潍坊市外贸新业态主体。

第六节　山东中沃优达物流有限公司开放发展案例

一、山东中沃优达物流有限公司简介

山东中沃优达物流有限公司（以下简称中沃优达）成立于2013年7月，是原农业部确定的农副产品进出口示范基地——中俄冷链仓储物流项目的运营单位。该项目是2013年3月习近平主席出访俄罗斯期间两国农业部签署《备忘录》项目的组成部分，也是原农业部国际合作司与潍坊市政府《战略合作协议》的重点推动项目，被中华人民共和国国家发展和改革委员会（以下简称国家发展改革委）列入国家"一带一路"农业发展重大项目库。2018年9月12日，农业农村部和山东省人民政府联合印发《潍坊国家农业开放发展综合试验区总体方案》（农外发〔2018〕3号），指出，依托中俄国际冷链物流等项目，建设国际农产品冷链物流基地，进一步赋予了中沃优达更大的责任和使命。

二、中沃优达中俄冷链物流项目建设现状

中俄冷链物流项目占地面积157亩，总建筑面积48 992.59平方米，总投资5.96亿元；建设欧洲标准的低温立体库2座，常温仓库1座，高温冷库1座，智能化控制中心、检验检疫一体化平台及其他配套设施，等等，储存规模10万

吨，年冷藏周转量200万吨。冷库采用冷链冷藏、冷链保鲜与包装、冷链节能和智能化全自动冷藏等技术，具有智能化、自动化程度高，节能效果好，运营成本低等优势。

截至2018年9月底，已完成基建任务。其中，中国进出口银行支持4.1亿元。由于市场变动物价上涨，项目预计投资6.2亿元。基建工程中，常温库和口岸库已经具备运营能力。立体高架库制冷设备正在安装，进口自动化设备正在生产，智能化控制中心及办公楼、宿舍楼正在装修。

2015年7月，国家质检总局批复在潍坊综合保税区筹建进口肉类、冰鲜水产品指定口岸。综合保税区确定中沃优达承担任务。2018年1月进口肉类指定口岸通过验收，2018年4月正式批复。这是山东省首家内陆进口肉类指定口岸。

三、开放发展背景下中沃优达发展规划与目标

（一）开放发展背景下中沃优达发展规划

中沃优达在做好冷链仓储基地建设的同时，充分发挥综合保税区和国家"一带一路"重点项目的政策资源优势以及拥有的口岸功能，运用管道思维，着力打造一条服务国际贸易的全产业闭环管道，将"一带一路"沿线国家的肉类、水产品、水果、粮油、木材等优势农产品引进来，将国内优质产品输出去。这条管道外连"一带一路"沿线各国，内连国内市场，将海外源头产品与国内百姓餐桌连在一起。

中沃优达不做贸易商，只做服务商；不做搬运工，只做管道工；不搞挑水吃，只搞输水吃。2018年中沃优达已经具备海外集货、全程溯源、全程物流、口岸服务、冷链仓储、市场合作、全程保险、金融服务、综合保税等功能，基本形成了服务国际贸易的全产业链闭环，致力于打造一种新型发展业态——管道经济。公司秉承包容合作、共建共享、互利共赢的价值理念，将践行"一带一路"、打造管道平台、服务实体经济、惠及民生福祉作为公司发展使命，其发展愿景

是打造全球农产品现货交易平台。

（二）开放发展背景下中沃优达发展目标

为精准对接海外资源，更好地服务实体企业，中沃优达组织合伙企业提报了2019年度海外产品预采计划，产品涉及六大洲的34个国家，包括牛肉、羊肉、猪肉、鸡肉、水果等七大类，经过国家相关部门的梳理认定，进口货值达220多亿元。

为实现海外资源与国内市场的高效精准对接，架起国际贸易便利化、精准化、安全化、高效化的快速通道，2019年3月22—24日，首届中沃优达进口食品交易洽谈会暨全球农产品现货交易平台启动仪式分别在潍坊富华大酒店、中沃优达现场成功举办，来自贝宁、智利、蒙古、爱尔兰、立陶宛、法国、德国、孟加拉等18个国家的驻华使馆官员、外国商会、企业代表、中沃平台战略合作单位、全国28个省市自治区的45名合伙人参加了交易洽谈会，省、市有关部门领导出席了交易洽谈会。会上签约采购协议涉及金额442亿元，其中，进口协议金额231亿元，出口协议金额211亿元。从2018年开始，中沃优达每年举办进口食品交易洽谈会，打造成独具特色的国际食品进口交易洽谈会，使之成为中沃优达的一个抓手和一张名片。

中沃优达的发展目标为：2019年完成进出口贸易额100亿元，按照3%的收益点，可实现年收益3亿元；2020年完成进出口贸易额400亿元；2021年力争完成进出口贸易额1000亿元，争取到2022年实现在港股上市。

四、全球农产品现货交易平台建设措施

（一）设立前置仓和海外码头

中沃优达在全球布局12个海外专区，甄选了60个国家，从每个国家精选

3~5家有实力、有产业链、有资质的公司在中沃平台设立分公司，作为国外企业进驻中国的前置仓，产品放到中沃保税库，由中沃优达负责管理和服务。为国内客商和市场提供海外现货展示和交易平台，逐步使潍坊成为全球优势农产品回流、交易的集散中心。

2018年，中沃优达已成功对接了34个国家；同时建设海外专区，使国内产品迅速、高效、低成本地走向全球，助力国内企业更好地走出去。为配合海外专区建设和平台运营，中沃优达建设了北京总部，作为公司的战略中心和管理总部已经启用，围绕战略规划、政策获知、使馆对接、人才招聘开展工作。香港总部即将启用，作为公司的海外专区管理总部，围绕大宗商品贸易服务、对接海外专区、国际贸易转口和国际结算开展工作。

（二）完善仓管和物流网络

中沃优达依托中俄冷链物流项目仓储条件，建立中心仓和展示交易中心，其他区域合作仓储单位作为分拨仓，满足就近市场需求。海外的货物可以根据国内客户的需求就近通关走货，缩短运输周期，降低物流成本。为就近服务客户企业，中沃优达加强对货物的监管，与各地冷链仓库进行对接，统一编号、授牌，签署监管协议，作为公司的监管合作仓。

为高效、便捷、安全地交付货物，中沃优达配合监管仓设置，选择服务好、资信好、实力强的冷链物流企业作为合作伙伴，满足货物配送需要。同时，中沃优达与广州、深圳、上海、青岛、天津等国内各大沿海口岸，以及二连浩特等内陆口岸进行联结合作，实现口岸联动功能，真正实现一地报关、异地清关。

（三）开展战略合作

中沃优达主动与国际、国内优势资源开展战略合作，弥补自身短板，以与平台业务相匹配。中沃优达与嘉里大通共同成立了供应链管理公司，负责全程货物国际物流服务。嘉里大通是全球500强企业，在全球140多个国家设有办事处，具备全球集货能力。中沃优达与中检集团合作制定了全球农产品认证溯源联合标准体系，所有进出口产品均贴有中检-中沃联合认证标签，实现了产品全程可追溯，构建了中检溯源、中沃运营的新模式。公司与中国太平、人保财险、中信保、太平洋保险等建立了全方位战略合作关系，形成了海外采购险、物流运输险、品质保障险、客户信用险"四位一体"的保险保障体系。此外，中沃优达还构建了国内七大区域联结、32个一级平台合作，遍布全国各地的、以市场销售主体为合伙人的市场营销网络。

（四）建立大数据中心与结算中心

基于中沃优达全球农产品现货交易平台的整体框架，中沃优达联合中检集团共同打造自己的大数据中心，将国际供应商、产品、物流、金融保险、国内市场、仓储、溯源全产业链整合在一起，运用互联网、云计算、大数据、区块链等技术，为平台运行提供准确、高效、安全的数据服务支撑。与中国进出口银行和中国银行等金融机构合作，在中沃优达平台建立结算中心，实现银企直联，围绕中沃优达的业务开展提供国际结算、国内结算、授信融资等系列金融服务，为中沃平台提供强有力的资金支持和结算服务。

（五）建设总部经济

中沃优达根据市场需求，在全国范围内选择在肉类、水产、水果等行业领先的市场销售主体作为合伙人，成立合资公司。中沃优达负责海外集货、口岸服务和金融服务，不碰货、不碰价格、不碰市场，合伙人负责品控、定价和市场销售，专业人做专业事，强强联手、优势互补，打造实体产业命运共同体，建设总部经济。

这些合伙人企业有几个基本准入条件：一是年销售收入在3亿元以上；二

是有稳定的市场分销渠道,行业内有较大影响力;三是征信良好。中沃优达在 2018 年年底,组建了 50 家合伙企业。2019 年组建合伙企业 350 家,2020 年新组建合作企业 350 家,到 2021 年合伙企业达到 1000 家。把全国七大区 34 个省市自治区行业顶尖的市场销售主体连接到中沃平台上来,打造一个大体量的合伙人销售企业集群和具有较大影响力的总部经济。

第五章

高新技术企业发展与财税激励政策研究

第五章
高新技术企业发展与财税激励政策研究

第一节 潍坊国家高新技术产业开发区产业布局

一、潍坊国家高新技术产业开发区简介

潍坊是著名的旅游文化名城、世界风筝之都，位于山东半岛中部，南倚沂山，北濒渤海，东连海港名城青岛、烟台，西接济南、淄博、东营，属温带东部季风区，四季分明，气候宜人[①]。总面积1.58万平方千米，人口859万，辖四区、六市、两县和五个市属开发区。潍坊市地处黄河三角洲高效生态经济区、山东半岛蓝色经济区两大国家战略经济区的重要交汇处[②]，是山东半岛区域经济中心城市。

潍坊高新技术开发区是1992年经国务院批准设立的54个国家级高新区之一，同时拥有国家级创业服务中心的牌子[③]。2017年2月，山东省科技厅、山东省财政厅、山东省国家税务局、山东省地方税务局联合下发《关于认定山东圣道电气有限公司等1153家企业为2016年度高新技术企业的通知》，其中潍坊市认定157家。截至2018年，潍坊市高新技术企业达到468家，已建成国家级技术创新示范企业3家。科学技术的飞速发展给潍坊市高新技术企业发展提供了良好的机遇，新旧动能转换的加快，推动潍坊高新区抢占技术创新高地，高新技术产业产值再创新高。

[①] 汤继强. 我国科技型中小企业融资政策研究[D].成都：西南财经大学,2007.
[②] 樊宇. 潍坊旅游区域合作问题的研究[J].现代经济信息,2015（3）：475.
[③] 袁源. 不同成长阶段下创新型中小企业融资问题研究[D].长沙：中南大学,2008.

二、潍坊高新技术产业开发区重点产业布局

（一）新装备产业

新装备产业的发展重点为：积极发挥潍坊动力机械特色产业基地效应，重点扩张了潍柴工业园、盛瑞传动工业园；依托潍柴国家工程技术研究中心，建立汽车技术创新平台[①]。以提升企业核心竞争力和开发具有自主知识产权的关键技术为重点，以绿色制造、绿色机电为主流，重点攻克了大功率及双燃料发动机和8挡自动变速箱等核心技术，积极发展蓝擎发动机、柴油机关键零部件、超细粉碎机、智能立体车库等高端产品，并逐步完善"关键零部件—整车制造—研发能力"产业链，打造国家装备制造业基地[②]。

重点新装备企业有潍柴动力、盛瑞传动、帅克汽车、大洋泊车、东航机械、乐航科技、瑞斯高创、赛马力发电、万隆电气、五洲电气、广生新能源、富士达涡轮等。

（二）新光源产业

新光源产业已培育和壮大了浪潮华光、中微光电、歌尔光电、星泰克等企业，其发展重点为：搭建和强化国内外光电产业合作平台，充分发挥半导体产业创新联盟作用，正逐步完善"衬底—外延片—芯片—器件—应用系统"LED及LD产业链，大力发展各种性能的LED产品、蓝宝石衬底片、高性能外延片、均匀清晰高分辨率背光源等高端产品。其发展目标是建设国家创新型半导体发光产业集群、中国LED电视重要生产基地、国内最大的LD芯片和超快激光器生产基地以及低频高效磁能照明生产基地，加快打造"中国光都"。

---

① 史淼.山东省高新技术产业竞争力研究[D].济南：山东师范大学,2013.
② 吴正峰.科技型中小企业融资研究[D].济南：山东大学,2012.

重点新光源企业有浪潮华光、中微光电、歌尔光电、星泰克、铂天光电、江都电气、广生新能源、明锐光电、三晶照明、新光源实业等。

（三）新能源产业

新能源产业的发展重点为：引进和培育了大同宇骏太阳能、广生新能源、宏力地源热泵等企业，重点攻克了超薄硅片、非晶硅薄膜电池、高效薄膜晶硅电池及组件、高效免维护蓄电等关键技术，正逐步完善"硅片—电池片—电池组件—应用系统"光伏产业链，着力发展太阳能光伏晶硅及电池、薄膜太阳能电池、光伏发电组件等高端产品，建设国家级光伏特色产业基地。加快地源热泵和风能装备生产基地建设，以宏力空调、科灵空调、华能风电等企业为依托，积极开发地热和风能综合利用产品。

重点新能源企业有宇骏太阳能、广生新能源、环球光伏、奥维斯光伏、奥伦特太阳能、星锐科技、宏力空调、科灵空调、华能风电、明锐光电、永能达新能源、雷力发电等。

（四）新信息产业

新信息产业的发展重点为：依托歌尔电子、楼氏电子等企业，大力发展电声元器件、蓝牙耳机、硅微传声器、3D电子眼镜等主导产品，配套发展精密模具、自动化设备、半导体封装、集成电路等产业，逐步完善产业链条，实现微电声产业规模化、集约化发展。

其发展目标是以潍坊软件园、山东呼叫基地等重点项目为契机，推动嵌入式软件、行业应用软件、动漫产品、呼叫中心等业务，培育了一批具有自主知识产权的优势软件产品和服务项目，打造国内具有较强竞争优势的软件和IT服务外包产业集群。

重点新信息企业有歌尔声学、楼氏电子、欧龙电子、新港电子、威度电子、华光照排、万声呼叫、恩源科技、中动传媒、星锐科技、凌讯智能、果壳视界、星海信息、金诺科技等。

（五）新材料产业

新材料产业的发展重点为：围绕推动高端功能性材料产业化，重点研发和生产了功能性非织造材料、高性能绝缘（隔热）材料、超导磁体、液体防护膜、纳米材料、生物医学用高分子材料等高端产品，积极发展封装材料、高纯度等离子硫化锌粉等产品，抓好新力超导磁体、胜达新材料、富维薄膜、俊富新材料等重大项目建设，加快培育以俊富非织造、汇胜绝缘纸等为代表的新材料产业集群，打造全省新材料产业基地。

重点新材料企业有富维薄膜、俊富非织造、大耀新材料、新力超导、胜达科技、美珂新材料、天维膜、绿能彩屏、锐利精工等。

（六）新医药产业

新医药产业的发展重点为：依托潍坊生物医药科技产业园、国家创新药物孵化基地，重点培育了沃华医药、三维医药、华辰生物、中科生物、航维医疗器械等企业，大力发展中药制剂、基因干扰素、特殊原料药中间体、生化诊断试剂和生物疫苗等高端产品。

重点扶持了康博士生物、华辰抗病毒藻糖蛋白、中科多糖蛋白凝胶、中海藻糖蛋白、高分子生物凝结基、L-半胱氨酸及其衍生物产业化、血管药物支架生产基地等一批重大项目，发展特药新药及中成药产品，进一步完善产业链，实现产业规模快速膨胀，打造国际一流的生物医药研发基地、创新创业孵化基地、生物医药成果转化基地和产业发展基地。

重点新医药企业有沃华医药、三维医药、华辰生物、中科生物、航维医疗器械、康博士生物、中海药业、中狮制药、天王医药、美诺医药、博药生物、必高制药、盛宏医药、贝瑞康、华牧药业、超跃药业等。

三、潍坊高新技术开发区软件与电子信息产业发展

（一）高新技术开发区软件产业发展现状

高新区软件产业具有一定产业基础，以北大青鸟华光照排有限公司、金三利信息技术有限公司、银通数码有限公司、贝通网络信息有限公司、弗克斯电子信息技术有限公司等为代表，有70多个软件获得软件产品登记，8家企业通过软件企业认定。

2007年北大青鸟华光照排有限公司被授予首批"山东省软件工程技术中心"[①]，金三利信息技术有限公司的审计系列软件已被全国40多家审计机关应用。弗克斯电子信息技术有限公司的企业级管理软件被应用于省内外电力电信、制造业等几十家大型企业，其中"以预算控制为基础企业流程再造"荣获中国企业联合会国家级创新成果一等奖，"企业级资产管理系统EAM"获得山东省企业联合会科技进步二等奖，"安全性评价专家管理系统"被山东电力集团授予科技进步二等奖。

贝通网络信息有限公司的"住房资金信息管理软件"获山东省科技进步三等奖，被财政部指定在全国推广应用。其他企业的软件产品在嵌入式数控、物流配送、电子地图测绘、医疗、语音呼叫等领域也广受好评。

---

① 邓婷.建设"数字潍坊"，提高城市竞争力：访山东省潍坊市政协副主席、信息产业局局长李传恒[J].中国信息界,2009.（03）：36-38.

（二）高新技术开发区电子信息产业发展现状

1. 电声器件产业发展现状

高新区从事电声器件生产企业已达 12 家，主要生产蓝牙耳机、硅微麦克风、驻极体传声器、受话器、降噪耳机等高端电声器件产品，2019 年已形成以歌尔集团、楼氏电子等为代表的电声器件产业集群。2007 年，"山东（潍坊）电声器件产业园"正式挂牌，主营业务收入达 10 亿元，成为国内最大、世界第三的驻极体传声器生产基地。其中，歌尔集团以蓝牙耳机和硅微传声器为主导的电声器件及产品在国内市场份额达到 45% 以上，年销售量达到 4.5 亿只。

2. 光电子产业发展现状

高新区光电子产业以中微光电子（潍坊）有限公司、山东瑞森华光光电子有限公司、潍坊华光新能电器有限公司、敦行国际（潍坊）兴电科技有限公司等企业为代表，已在国内享有较高的知名度。

浪潮集团与山东瑞森华光光电子有限公司正在高新区合作建设新的生产项目，发展后劲十足。中微光电子（潍坊）有限公司已研发成功并批量生产白光 LED 路灯、庭院灯、家庭照明系列和光收发模块等产品，高效节能的 LED 路灯已经广泛投入使用，产品各项性能良好，广受国际好评。敦行国际（潍坊）光电科技有限公司总投资 3.5 亿美元的 OLED（有机发光二极管）项目已开工建设。

潍坊华光新能电器有限公司的白光 LED 封装技术已经达到国内领先水平。潍坊北大青鸟华光科技股份有限公司自主开发的 HLX-155/622 光传输系统和 CATV 光纤传输系统，均达到了国内先进水平。潍坊东升电子有限公司主导产品 1310 纳米光传输系统，是科技部中小企业创新基金扶持项目，居国内领先水平。经过近几年的发展，高新区已成为山东省光电子产业的集聚地，已逐步迈入大发展时期。

3. 信息产业发展现状

高新区信息产业近年来发展迅速,电子信息产业以歌尔声学、浪潮华光电子等企业为龙头,以电子元器件、高效照明光源为基础,发展广电网络设备、通信产品、家用电器、显示器等终端产品。加快高效照明产品在相关领域的推广应用,助推能源节约,推行无毒、生态设计,实现生产过程废物的资源化处理和整个生命周期污染减量化,积极探索废弃电子产品的资源化处理和再制造。信息产业领域的环保节能电源产品、汽车电子、数字电视机顶盒、纺织机械电气电子自动检测控制装置、电子测量仪器仪表、高低压电器开关柜等产品,都在省内外享有较高的知名度,并占据了较大的市场份额。

第二节 高新技术企业发展与财税激励政策

一、技术创新财税激励政策研究背景

中小企业特别是高新技术中小企业是高新技术产业发展的重要组成部分,在缓解就业压力、拉动民间投资、优化经济结构、促进市场竞争、实现科技创新与成果转化、服务社会、方便群众生活、促进地区经济协调发展等诸多方面发挥了重要作用,正逐步成为推动全社会经济发展的生力军。

目前国内外对于激励高新技术企业技术创新的财税政策已进行了一定研究,国外有些成功经验值得我们借鉴。虽然近年来我国制定的一系列财税政策,对高新技术企业的技术创新起到了一定的积极作用,但总的来说我国现行财税政策还没有形成一个针对高新技术企业技术创新特点的,贯穿整个创新过程的

财税政策体系[①]。

本书旨在分析现行财税政策在激励高新技术企业技术创新方面的效应及存在的问题,在此基础上,提出完善高新技术企业财税激励政策的相关建议,一方面有利于引导并鼓励科技型企业创新发展,增强市场竞争能力;另一方面有利于政府从宏观上制定科学适用的激励政策,从而进一步促进区域产业结构的调整和经济增长方式的转变。

二、财税激励政策含义阐释

(一)高新技术企业技术创新的含义

高新技术企业是知识与技术密集的经济实体,也是推动经济增长、提高产业竞争力、优化经济结构的主导力量。实际操作中,企业被认定为高新技术企业须同时符合以下条件:注册时间超过一年;通过非购买方式拥有主要产品或服务的核心知识产权所有权,且核心技术属于《国家重点支持的高新技术领域》规定的范围;科技人员比例不低于10%;最近一年的研发费用与销售收入比达到最低要求等[②]。技术创新是指一种新的生产方式的引入,这种新方法可以建立在一种新的科学发现的基础上,也可以是以获利为目的的经营某种商品的新方法,也可以是工艺上的创新[③]。但企业技术创新往往会导致"智猪博弈"现象的出现,即企业不思技术创新,都希望"搭便车"坐享其成。

(二)财税政策激励高新技术企业创新的方式

企业技术创新活动的安排主要依赖于两种调节方式:一种是通过市场机制

---

① 罗舒.支持企业技术创新的税务政策研究[D].天津:天津师范大学,2013.
② 肖凡,任建造,伍敏冬,等.21世纪以来中国高新技术企业的时空分布和影响机制[J].经济地理,2018,38(2):27-35.
③ 向强.发展民营经济,促进西部大开发[D].成都:西南财经大学,2001.

进行调节，另一种是依赖于政府的宏观调控。

如图 5-1 所示，技术创新边际收益递减的规律特征使得私人边际收入曲线和社会边际收入曲线都呈现向下倾斜的趋势，技术创新过程中出现的技术外溢效应又使得社会边际收益大于私人边际收益，即图中社会边际收入曲线高于私人边际收入曲线，由此导致了一定程度上企业私人创新积极性的减退。而政府财政激励政策的效用就在于通过提供各种方式的财政补贴，降低企业私人创新的边际成本，从而激励企业技术创新的积极性，促进整个社会的技术创新。

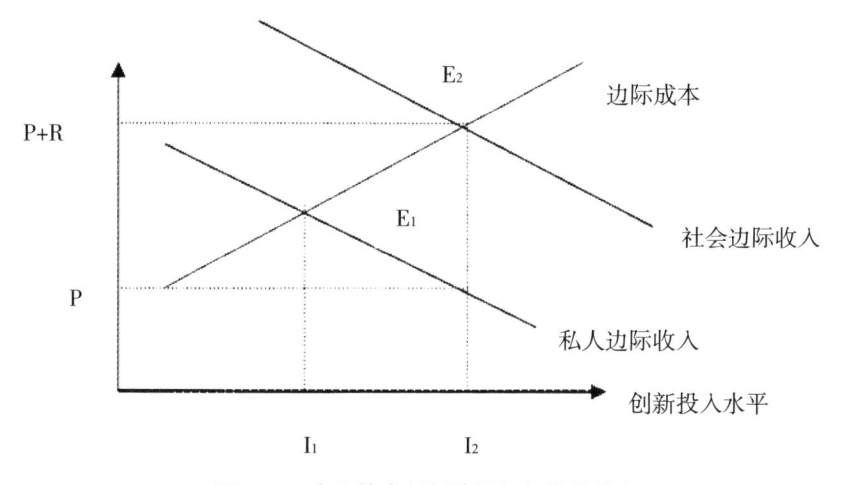

图 5-1 企业技术创新的投入与收益成本

（三）税收政策的内涵及效应

税收政策是财政收入政策最主要的组成部分，而作为税收政策主要形式的税收优惠政策是指税法中规定的给予某些活动、某些资产、某些组织形式以及某些融资方式以优惠待遇的条款[1]。税收也是政府凭借政治权利，参与国民产出分配的工具。当资源从私人部门转移到政府手中时，不可避免地要对高新技术企业的经济活动和选择决定产生影响，这种影响就是税收的经济效应，简称为税收效应。

---

[1] 李珊珊.促进中小企业自主创新的财政政策研究[D].长沙：湖南大学,2007.10

如何分析了解税收对国民经济的影响,尽量使税收不干扰市场机制的运行(即高新技术企业技术创新时,税收的额外负担最小),保证国家宏观调控的实现和获取稳定的财政收入,是政府制定相关税收政策的根本目的和基本要求。

三、税收政策对企业投资的影响分析

通常而言,影响高新技术企业对技术创新的投资行为的因素[①]有投资的预期收益(指税后投资收益)、投资成本及投资的意外风险等,税收主要是通过影响前两项因素来影响高新技术企业的投资行为。

(一)投资税后预期收益对投资的影响

先来分析投资的税后预期收益是如何影响投资的。政府课税(主要指所得税)会减少企业的创新投资收益,并影响投资收益与投资成本的比率,从而对企业的投资行为产生方向相反的两种效应。

第一种效应的产生是因为税收会减少企业可支配收入,使企业为了实现既定的收益目标而增加投资,即发生所谓的收入效应;第二种效应的产生是因为税收使投资者的投资收益减少,使企业为弥补收益的降低而采用消费替代投资的方式[②],即发生所谓的替代效应。如图5-2所示。

(二)政府税收优惠政策对投资的影响

政府为了鼓励企业的私人投资行为,往往会制定相关的税收优惠政策[③]。最为常见的优惠政策是在征收企业所得税时,往往允许企业在税前提取折旧冲

---

① 韩瑛.税收政策对高新技术企业研发投入的影响研究[D].蚌埠:安徽财经大学,2018.
② 杨晔.我国公共投资的财政效应分析[J].投资研究,2010.(05):29-33.
③ 毕克新,郭文刚.中小企业技术创新财税支持体系中外比较[J].科学学与科学技术管理,2005,26(10):60-65.

减利润或投资税抵免等,这些都会影响企业投资成本和税后预期收益率。就折旧扣除而言,如果课税时允许的折旧扣除与实际发生的折旧扣除一致,则税收对企业的投资成本和税后收益不发生影响,对投资的影响是中性的;如果允许的折旧扣除大于实际发生的折旧扣除,即实行所谓加速折旧,则税收降低了企业投资成本,增加了税后收益,这会对投资产生刺激作用。

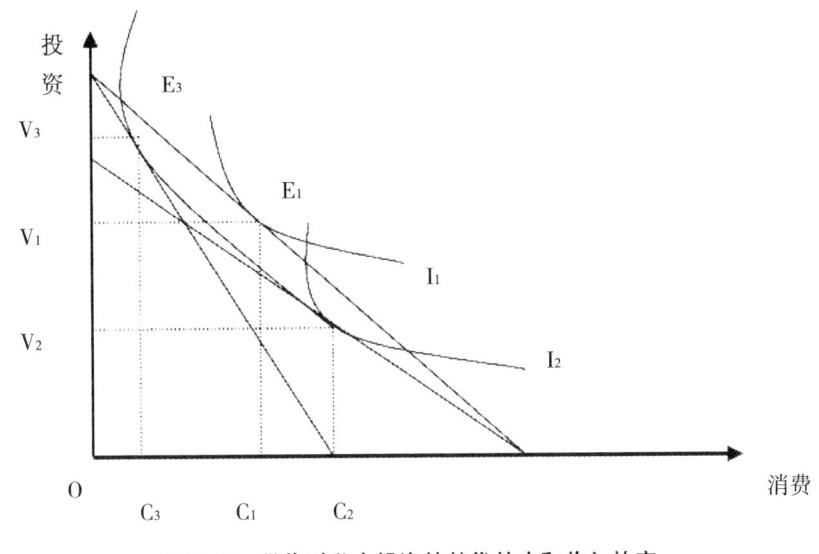

图 5-2 税收对私人投资的替代效应和收入效应

投资税收抵免的规定(即对企业收益中用于再投资的部分减征或免征所得税)降低了企业投资的资本使用成本,实际上是一种鼓励投资的税收政策。允许纳税人用某一时期或某一资本项目发生的投资亏损冲减另一时期或另一资本项目取得的应税投资收益,实质上是应用税收激励风险投资,将企业的经营风险转嫁到政府头上,是以牺牲税收收入为代价的,反之则会抑制企业的风险投资行为。由此可见,政府课税可能减少企业的投资,也可能促进企业的投资。至于税收对企业投资行为的最终影响,则取决于不同因素的相对影响力度。

第三节　财税激励政策的国际比较与借鉴

一、财税激励政策的国际比较

（一）美国财税激励政策

美国实施了多种激励高新技术企业技术创新的财税政策[①]，包括各种公共政策、税收优惠与减免、加速折旧等。同时，政府对企业私人研发经费的投入给予了较大的税收优惠，以此激励企业创新研发的投入热情。自1991年以来，企业对R&D经费的投入比重（59%左右）已经超过联邦政府的投入比重（36%左右），基本处于全社会R&D经费投入的主导地位。

如图5-3、图5-4所示，1998—2003年，美国政府研发投入总额基本呈现逐年增加的态势，从1998年的663.4亿美元增长至2003年的852.8亿美元，增幅达28.55%。但1998—2000年及2001—2003年，美国政府R&D经费投入年增长率则呈现逐年下降的态势，其中2000年R%D经费投入更是呈现负增长（-0.96%）。

[①] 朱迎春.美国联邦政府基础研究经费配置及对我国的启示[J].全球科技经济瞭望，2017，32（8）：27-34.

单位：亿美元

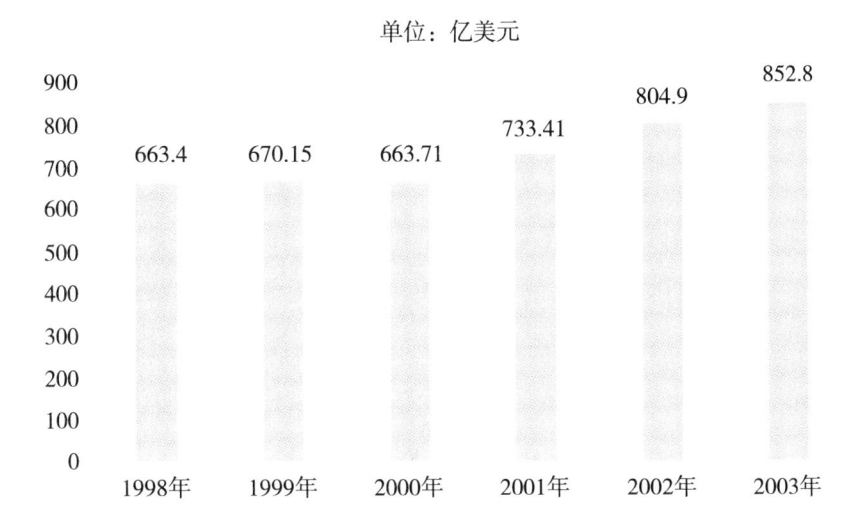

图 5-3 1998—2003 年美国联邦政府研发经费投入总额

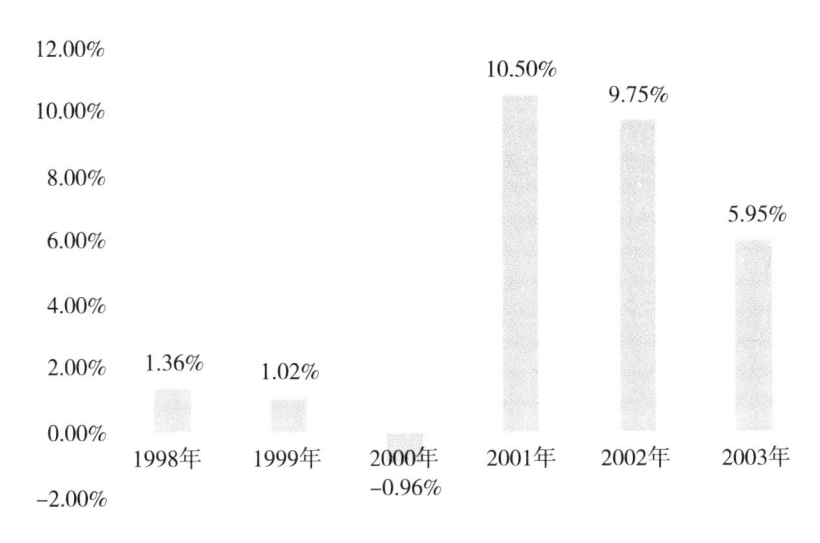

图 5-4 1998—2003 年美国联邦政府研发投入年增长率

由表 5-1 及图 5-5 可以看出，2010—2018 年，美国政府 R&D 经费投入中，基础研究投入比例和应用研究投入比例均基本呈现增长的态势。其中，基础研究投入比例由 2010 年的 24.3% 增加至 2018 年的 24.6%，增幅为 1.23%；应用研究投入比例由 2010 年的 23.5% 增加至 2018 年的 28.5%，增幅达 21.28%。

反观试验发展投入比例和研发设施投入比例，则基本呈现下降的态势。其中，试验发展投入比例由 2010 年的 46.6% 减少至 2018 年的 45.2%，降幅为 3.00%；研发设施投入比例由 2010 年的 5.6% 减少至 2018 年的 1.8%，降幅达 67.86%。

整体而言，在美国联邦政府研发经费总投入中，试验发展投入所占比重最高，基本保持在 R&D 经费投入的 45%~55%。应用研究投入和基础研究投入所占比重较大，均保持在 25% 左右，自 2011 年以来，美国政府对应用研究的投入就已经超过了基础研究的投入比例。研发设施投入所占比重是最低的，基本保持在 4% 左右，自 2016 年以来，所占比重降低到 1.8% 左右。

表 5-1 2010—2018 年美国联邦政府研发经费投入比例

年份	基础研究投入比例（%）	应用研究投入比例（%）	试验发展投入比例（%）	研发设施投入比例（%）
2010	24.3	23.5	46.6	5.6
2011	24.8	25.7	44.9	4.6
2012	24.1	24.8	46.6	4.4
2013	23.0	24.4	48.7	4.0
2014	22.5	23.5	50.6	3.4
2015	22.1	21.7	53.1	3.1
2016	22.2	25.0	51.1	1.7
2017	22.4	24.7	51.2	1.8
2018	24.6	28.5	45.2	1.8
增幅	1.23%	21.28%	−3.00%	−67.86%

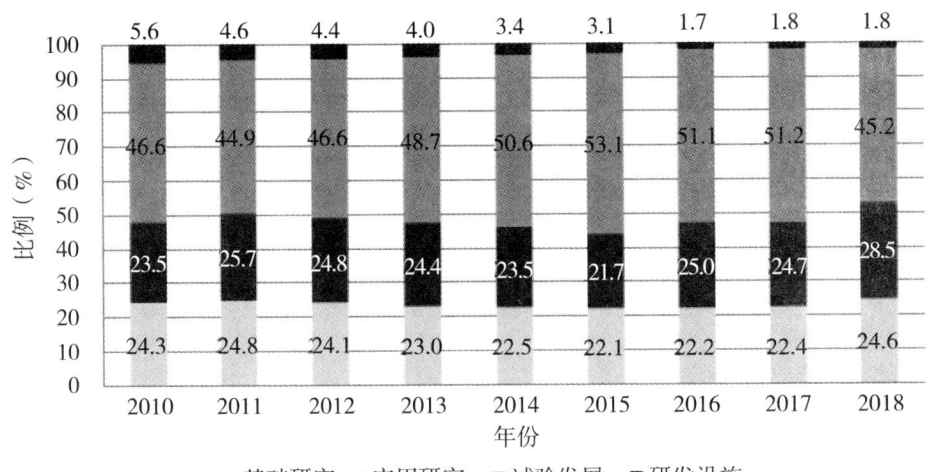

图 5-5 2010—2018 年美国联邦政府研发经费投入比例

（二）日本激励高新技术企业技术创新的财税政策

日本为扶持高新技术企业的发展，出台了一系列激励企业研发创新的财税政策，并取得了很好的创新激励效应。

其一，制定了相关科学技术政策，引导高新技术企业进行研发投入和技术创新。日本新的科学技术政策大纲，其激励重心为尖端技术、高新技术产业的创新发展。

其二，采取多种经济政策鼓励高新技术企业发展。日本采取税收优惠、低息贷款、财政补贴和加速折旧等经济政策，例如 1985 年制定了"促进基础技术开发税制"，以此促进高新技术企业进行技术创新。

其三，日本在激励高新技术企业技术创新方面的财税优惠政策，还体现在对于引进外国技术的税收优惠[1]。例如，兴建科学城和发展高新技术开发区，建立完善的科技研究与发展的政策，加大投入力度，等等，激发了各种经济实

---

[1] 韩凤芹.国外促进高技术产业发展的税收政策研究[J].经济研究参考,2005(53)：31-41.

体从事研究开发活动的热情。

（三）韩国激励高新技术企业技术创新的财税政策

韩国在20世纪50年代至20世纪末，由当时世界上最贫穷的国家之一转而进入新型工业国家的行列，1996年加入经济合作与发展组织（OECD）[1]。众所周知，自18世纪末英国产业革命以来，西方发达国家的工业化和产业化进程花费了100年到200年的时间，相形之下，韩国用30年左右的时间就完成了这一进程，不能不说是一个经济发展跨跃的"奇迹"，人们称之为"汉江奇迹"。因此，韩国已成为发展中国家实现工业化的一个典范。韩国"汉江奇迹"的创造，是与其实行技术创新的税收政策分不开的。

其一，实行税收优惠。韩国政府在税收优惠方面采取的措施有：政府着手修订税法，使投资技术开发和培养人员多的公司少纳税；提高新技术开发公司的资产折旧率[2]；推行技术商品化，私营公司可享受资本投资或公司税10%的税收减免，并有权获得银行的长期低息贷款。

其二，加大财政支持。王分棉研究指出，韩国政府在财政支持方面采取的措施有："政府为在国家核心和基础技术研究开发计划、国家产业技术研究与开发计划、国家替代能源技术研究开发计划中所涉及的，以及其他国家指定的各研究开发机构，提供其所研究开发投资总额50%的经费。同时，政府向个人或小公司提供用于新技术商品化的经费总额的80%~90%的财政支持"[3]。高新技术企业进行技术创新时，还可以得到国有公司与银行的支持。

其三，完善风险投资政策。制定风险投资政策是发展高新技术企业技术创新的关键。韩国政府拥有大量的风险资本公司，其中包括来自海外[4]的很多风

---

[1] 南春兰.韩国以外商直接投资调整产业结构的经验与教训[D].延边：延边大学,2003.
[2] 钟有为.韩国科技兴国的举措[J].安徽科技,2004（7）：50-51.
[3] 王分棉.加快我国高新技术企业国际化经营研究[D].北京：对外经济贸易大学,2006.
[4] 靳晓东.我国专利产业化中的风险投资制度研究[J].商业时代,2011（15）：97-98+120.

险资本，这些外国投资给韩国带来了新的技术转让成果。

二、高新技术企业财税政策分析

（一）我国财税激励政策分析

根据大量学者的研究，积极的财政政策从增加公共投资角度扩大了社会总需求，但是这些投资产生的乘数效应较小，对民间投资的拉动作用不明显，并没有启动经济体系的内生需求，因此，总体效果并不明显。我国对企业研发（R&D）的财政资助规模有限，政府R&D财政资助仍然集中于科研机构和高校，用于支持企业的科技投入经费比例仅约10%，而发达国家一般在30%以上。

近年来，中国的基础科学和关键技术在研究和开发方面取得了长足的进步，但存在转化率极低、研究和生产脱节的问题，这使得大量的财政资金投入研究和技术开发中，但没有有效地促进该行业的发展和升级。企业开展了许多单方面依赖国家财政拨款的高科技项目，但财政资金没有发挥很好的"杠杆"作用，在全社会的高科技投资中没有发挥重要作用。财政政策重投入、轻使用的现象较为严重，极大地影响了财政资金的使用效率。

在公共科研机构研发成果转化率普遍较低的情况下，目前在非商业科研机构中聚集财政补助的做法并不是一种有效的资源配置方法。虽然近年来中国增加了对公司高科技研发项目的支持，但支持力度还不够强。以创新基金为例，中国仅建立了中小企业技术创新基金，对企业的准入还有很多限制，企业从中每年可以获得的补贴金额相对于企业支出的巨额创新资金而言是远远不够的[1]。因而，政府财政资助的效率仍有待提高。

---

[1] 宁吉喆.新产业新业态新模式统计探索与实践[M].北京：中国统计出版社,2017.

（二）山东省财税激励政策分析

山东省高新技术企业税收优惠政策包括直接优惠政策和间接优惠政策。其中，直接优惠政策的优惠方式主要有两种：其一为优惠税率，即针对重点企业与高新技术企业实行税率优惠；其二为税收减免，即对技术转让与新办企业实行免征或减半征收等税收措施[①]。

间接优惠政策的优惠方式主要有四种：其一为加计扣除方式，即对符合条件的所有企业实行研究开发50%加计扣除或150%摊销；其二为加速折旧方式，即对符合条件的所有企业缩短固定资产折旧年份；其三为投资抵免方式，即对创投企业实行投资额的70%抵扣应纳税所得额；其四为即征即退方式，即对软件企业实行软件产品超税负即征即退。

具体税收优惠政策按我国现行的高新技术企业税收优惠政策执行，根据宋竺忆在《关于杭州市某区高新技术企业税收优惠政策实施效果的调研报告》中的汇总整理[②]，其中，优惠税种主要包括对增值税、企业所得税、个人所得税、其他税的优惠政策，税收优惠内容涉及各个税种的多种情形。

此外，政府对高新技术企业还实行财税补贴政策。例如，对高新技术企业提供的一次性奖励资金，对新上项目给予的政府扶持基金，政府担保平台的建立，以及财政补助政策的分档制定。政府按照高新技术企业年度地方财政贡献分档，实施不同的财政补助政策，以切实激励高新技术企业的创新活动。

例如，对年纳税总额小于500万元且年度地方财政贡献增长率达50%或以上的，年纳税总额达500万~1000万元且年度地方财政贡献增长率达30%或以上的，年纳税总额达1000万~5000万元且年度地方财政贡献增长率达30%或以上的，均施行80%的财政补助；对年纳税总额达1000万~5000万元且年

---

① 周志红.潍坊市高新技术企业财税优惠政策现状、问题及相关建议[J].纳税,2017（19）：9+11.
② 宋竺忆.关于杭州市某区高新技术企业税收优惠政策实施效果的调研报告[D].杭州：浙江财经大学,2016.

度地方财政贡献增长率达25%~30%的，年纳税总额达5000万元或以上且年度地方财政贡献增长率达20%或以上的，均施行70%的财政补助；对年纳税总额达1000万~5000万元且年度地方财政贡献增长率达20%~25%的，年纳税总额达5000万元或以上且年度地方财政贡献增长率达15%~20%的，均施行50%的财政补助；对年纳税总额达5000万元或以上且年度地方财政贡献增长率达10%~15%的，施行30%的财政补助。具体分档激励政策如表5-2所示。

表5-2 高新技术企业年度地方财政贡献分档激励政策一览表

年纳税总额	年度地方财政贡献增长率	补助比例
<500万元	50%（含）以上部分	80%
500万（含）~1000万元	30%（含）以上部分	80%
1000万（含）~5000万元	20%（含）~25%部分	50%
	25%（含）~30%部分	70%
	30%（含）以上部分	80%
≥5000万元	10%（含）~15%部分	30%
	15%（含）~20%部分	50%
	20%（含）以上部分	70%

三、山东省高新技术企业财税政策存在的问题

山东省高新技术企业财税政策存在以下几个方面的问题。

第一，尚未形成系统完善的税收优惠政策。本书将国家税务总局近几年发布的高新技术企业税收优惠政策整理后发现，目前高新技术开发区尚未形成系统完善的税收优惠政策[1]，高新技术企业的税收优惠主要以企业所得税优惠减

---

[1] 思思.财经速递[J].商业会计,2017（08）.

免为主，在所得税优惠政策上间接优惠较少①，并且存在优惠环节较为滞后、优惠方式较为单一等问题。

第二，财政投入力度尚显不足②。山东省近几年R&D经费内部支出基本呈现逐年增加的态势，由2014年的11 697 388万元增加至2018年的16 433 299万元，增幅达40.49%。但政府财政资金投入自2014年以来呈现一定的下降趋势，政府投入资金占比由2014年的7.93%下降至2016年的6.87%。虽然近两年财政投入力度逐渐加大，但政府投入资金占比仍旧不高，2018年政府资金比重仅为8.31%。

第三，财政资助的效率有待提高。分析山东省2018年财政资助方式发现，山东省目前的金融资本投资方式不能很好地符合市场经济发展和高新技术产业化的要求，因而引导社会资金投资高科技产业存在困难。财政资助倾向于企业研发成果的应用，缺乏对企业研发活动全过程的激励，对技术创新的产业化和商业化支持不足。同时，财政政策的某些方面不利于企业技术创新动力机制的形成，财政和税收政策没有关注或规定公司通过创新投资增加的利润以及公司在高科技产品开发中承担的风险，这极大地抑制了公司的技术创新。除此之外，财政资助制度事前审批和事后监管有时过于随意，管理上仍存在差距。

第四，政府财政投入区域性差异较大。比较2016—2018年山东省各地R&D经费内部支出情况（见表5-3），可以发现，政府财政投入资金较多的为济南市和青岛市，政府资金占比三年来均在12%以上。而政府财政投入资金较少的为莱芜市和菏泽市，政府资金占比近两年均在2.2%以下。政府财政投入资金变动较大的地区有：聊城市，政府投入排名由全省第4位降至第10位；莱芜市，政府投入排名由全省第7位降至第17位；淄博市，政府投入排名由全省第11位升至第6位。

---

① 高金平，邹婷婷.创业投资企业与天使投资个人抵扣所得税政策解析[J].中国税务，2017（08）：28-32.
② 何建堂.2015年企业所得税政策盘点[J].注册税务师，2016（02）：16-19.

表 5-3 2016—2018 年山东省各地 R&D 经费内部支出情况（单位：万元）

地区	2016年 R&D经费内部支出	政府投入资金	政府资金占比(%)	政府投入排名	2017年 R&D经费内部支出	政府投入资金	政府资金占比(%)	政府投入排名	2018年 R&D经费内部支出	政府投入资金	政府资金占比(%)	政府投入排名
济南市	1567365	277254	17.69	1	1851539	326505	17.63	1	2085980	350880	16.82	2
青岛市	2863656	362611	12.66	2	3070935	445271	14.50	2	2821989	548965	19.45	1
淄博市	968486	34273	3.54	11	1174947	59073	5.03	5	1336844	67479	5.05	6
枣庄市	350974	14274	4.07	9	396472	13767	3.47	8	331153	9308	2.81	12
东营市	917155	43239	4.71	6	1008440	58558	5.81	3	681857	52265	7.67	3
烟台市	1788622	60287	3.37	12	1895956	54711	2.89	10	1870538	69278	3.70	9
潍坊市	1441328	36354	2.52	15	1532500	33746	2.20	15	1220245	40518	3.32	11
济宁市	813324	43829	5.39	5	990395	42259	4.27	7	927696	46047	4.96	7
泰安市	831201	50634	6.09	3	899876	44832	4.98	6	760568	47694	6.27	5
威海市	782039	34367	4.39	8	889397	25509	2.87	11	586955	38236	6.51	4
日照市	249051	7448	2.99	14	336569	9310	2.77	13	483594	11842	2.45	13
莱芜市	180126	8492	4.71	7	229974	4468	1.94	17	269792	3134	1.16	17
临沂市	860081	26822	3.12	13	1004505	22314	2.22	14	1006342	18617	1.85	16
德州市	442567	11055	2.50	16	513970	16935	3.29	9	667516	14644	2.19	14
聊城市	613294	35123	5.73	4	661197	35392	5.35	4	590869	20663	3.50	10
滨州市	648646	23050	3.55	10	683562	19022	2.78	12	542640	20726	3.82	8
菏泽市	342989	6819	1.99	17	389837	7864	2.02	16	248721	5260	2.11	15
全省总计	15660904	1075931	6.87		17530071	1219536	6.96		16433299	1365556	8.31	

下面以潍坊市为例，分析R&D经费支出中政府资金投入的情况。

2014年，潍坊市R&D经费内部支出1 061 861万元，在17个地市中排名第4位，其中政府投入资金37 573万元，政府资金占比仅3.5%，政府投入占比在17个地市中排名第13位；排名第1位的济南市R&D经费内部支出1 111 522万元，其中政府投入资金227 065万元，政府资金占比20.43%；排名第2位的青岛市R&D经费内部支出2 187 290万元，其中政府投入资金317 687万元，政府资金占比14.52%。

2015年，潍坊市R&D经费内部支出1 197 119万元，在17个地市中排名第4位，其中政府投入资金39 435万元，政府资金占比仅3.29%，政府投入占比在17个地市中排名第11位；排名第1位的济南市R&D经费内部支出1 205 442万元，其中政府投入资金278 549万元，政府资金占比19.20%；排名第2位的青岛市R&D经费内部支出2 442 873万元，其中政府投入资金306 791万元，政府资金占比12.56%。

2016年，潍坊市R&D经费内部支出1 441 328万元，政府资金占比仅为2.52%，政府投入占比在17个地市中排名第15位；排名第1位的济南市R&D经费内部支出1 567 365万元，政府资金占比17.69%；排名第2位的青岛市R&D经费内部支出2 863 656万元，政府资金占比12.66%。

2017年，潍坊市R&D经费内部支出1 532 500万元，在17个地市中排名第4位，其中政府投入资金33 746万元，政府资金占比仅2.20%，政府投入占比在17个地市中排名第15位；排名第1位的济南市R&D经费内部支出1 851 539万元，其中政府投入资金326 505万元，政府资金占比17.63%；排名第2位的青岛市R&D经费内部支出3 070 935万元，其中政府投入资金445 271万元，政府资金占比14.50%。

2018年，潍坊市R&D经费内部支出1 220 245万元，在17个地市中排名第5位，其中政府投入资金40 518万元，政府资金占比仅3.32%，政府投入占比在17个地市中排名第11位；排名第1位的青岛市R&D经费内部支出2 821 989万元，其中政府投入资金548 965万元，政府资金占比19.45%；排名第2位的济南市R&D经费内部支出2 085 980万元，其中政府投入资金350 880万元，政府资金占比16.82%（详细数据见表5-3）。

由此可以看出，2014—2018年，潍坊市R&D经费内部支出总额在全省均排在前列，研发经费的大量投入带动了高新技术企业的发展，2017年潍坊市省级认定高新技术企业数量位列全省第2位。反观潍坊市政府投入资金占比，近5年基本呈现下降态势，由2014年的占比3.54%，持续下降至2017年的占比2.2%，降幅达37.85%；2018年政府财政投入资金有所增长，政府投入资金占比上升至3.32%，但全省排名已下降至第11位，位居全省后列。政府资金投入与该市高新技术企业的发展规模明显不相协调，今后应继续加大财政资金对研发经费的投入力度。

四、财税激励政策的国际借鉴与建议

通过对比分析美国、日本等发达国家以及韩国等新兴工业化国家对企业技术创新的财税激励政策，可以得到国外财税激励政策的成功经验借鉴和启示，进而得出完善山东省财税激励政策的相关建议。

第一，政府应进一步完善激励企业技术创新的税收政策。大多数国家（如美国、日本等）主要通过将企业的R&D抵免税负[1]，刺激企业的R&D活动；同时，对企业引进用于R&D的设备应给予政策优惠，如设备购置款可以按一定比例抵免税赋，或者将增值税转型的范围扩大到高新技术企业进行技术创新的领域内[2]。合理而完善的税收优惠有利于对高新技术企业的技术创新活动形成很大的激励作用，故而政府对财税激励政策的进一步完善非常必要。

---

[1] 曾姝.自主创新与中日国家竞争力：基于国家宏观视角的比较分析[J].日本研究，2011（2）：20-26.
[2] 李珊珊.促进中小企业自主创新的财税政策研究[D].长沙：湖南大学,2007.

第二，政府应设立专项计划激励企业技术创新[①]。我国当前的企业技术创新专项资助计划尚不完善[②]，还需加强规划设计与计划实施，通过高新技术企业与科研院所、高校研究机构的技术合作，最大限度地确保创新资助专项计划的有效性。

第三，政府应进一步增强财政支持力度，建立税收激励与政府补助财税激励政策。美国、日本、韩国等政府财税激励政策的法制化程度普遍较高[③]，法制化管理较为完善；同时，高新技术企业技术创新的财政投入力度较大[④]，研发投入总体水平普遍较高。一方面，山东省政府要进一步增强对高新技术企业的创新补贴，完善相关配套政策；另一方面，应进一步建立规范、全面的税收优惠体系，针对不同行业与规模，采取差异化的税收优惠政策。企业处于不同的行业对税收政策的反应不尽相同，不同规模的企业对于税收优惠的敏感性也会不一样[⑤]，因此应根据企业研发实际，在行业层面和企业层面均采取差异化的税收优惠政策，进一步激发企业研发创新的热情。

---

① 于浩.非金融企业金融化对创新的影响[D].郑州：河南财经政法大学,2019.
② 毕克新,郭文刚.中小企业技术创新财税支持体系中外比较[J].科学学与科学技术管理,2005,26(10)：60-65
③ 韩凤芹.国外促进高技术产业发展的税收政策研究[J].经济研究参考,2005(53)：31-41.
④ 张金水,林滇,郑敏莉,等.促进我国高新技术产业发展的税收政策研究[J].发展研究,2008(11)：25-24.
⑤ 赵讯.我国税收优惠政策与政府补助激励高新技术企业技术创新的效应研究[D].广州：广东外语外贸大学,2015.

第六章

典型区域传统产业动能转换分析

第六章 典型区域传统产业动能转换分析

第一节 制造业动能转换分析

一、潍坊市制造业发展概况

潍坊工业历史悠久，基础雄厚，是我国著名的老工业城市和山东省制造业核心基地。明清时期就以"二百支红炉、三千铜铁匠、九千绣花女、十万织布机"闻名全国[①]，素有"南苏州、北潍县"的美誉。二十世纪八九十年代，潍坊工业盛极一时，拥有潍棉、潍柴、山潍拖、潍坊华光等一批在国内有影响的"潍"字头企业，柴油机、激光照排、录音机、拖拉机、农用三轮车等产品享誉全国、出口海外，享有中国"动力城、纺织城、电子城、农机城"的美誉。

近年来，潍坊工业深入践行科学发展理念，以提质增效为中心，持续推进工业转型升级，加快构建现代产业体系，产业创新能力和综合竞争力明显提升。截至2018年，全市拥有规模以上工业企业3500多家，工业总量约占全省1/10、全国1/100。全市形成了机械装备、石化盐化、食品加工、纺织服装、汽车制造、造纸包装六大传统支柱产业和电子信息、生物医药、节能环保、智能装备、海洋装备、新能源汽车六大新兴产业双轮驱动、比翼齐飞的壮阔局面[②]。潍柴集团、海化集团、歌尔声学、孚日集团等一批大型企业在国内外具有较强的影响力。

全市工业主营业务收入过100亿元企业14户，其中过200亿元企业6户。制造业产品涵盖108类5000多个品种，其中600多个品种销往150多个国家和

---

① 刘阳.潍坊地区非物质文化遗产要素研究[J].河北工程大学学报：社会科学版,2015（3）：79-82+91.
② 刘杰.聚势起舞 春潮涌动[N].潍坊日报,2018-12-18.

地区，近百种产品产能和市场占有率居全省第一，其中内燃机、机制纸、驻极体传声器等近 10 种产品居全国首位，微型麦克风、蓝牙耳机、3D 眼镜等现代电子产品居世界之首[①]。

潍柴动力、盛瑞传动、歌尔股份、雷沃重工等企业被认定为国家技术创新示范企业，其中，雷沃重工实现了潍坊市国家级工业设计中心零的突破，8 挡汽车自动变速器、机器人减速器、插电式混合动力乘用车自动变速器等一批关键技术和工艺达到国内外先进水平[②]。全市 80% 以上大中型企业都建立了研发机构，全市绝大多数规模企业实现了企业研发设计、生产、管理、销售全流程的信息化应用，64 家企业列入国家、省两化融合管理体系贯标试点，上云企业超过 3000 家。

潍坊市装备制造业以动力装备为主，以潍柴动力、福田重工等大型企业为重点，加强行业内企业间的工业共生，精确匹配零部件制造产能，满足运输车辆、收获机械、拖拉机及工程机械的生产需求。开展机电产品精细设计，优化生产工艺，推广精密铸造、精细加工等，努力减少加工损耗，积极培育发展废旧零部件及发动机再制造，在企业内部开展主要废料的回收及循环利用以及工艺用水、油的循环再利用。

二、潍坊市制造业动能转换前景

近年来，潍坊市深入践行科学发展理念，加快推动工业转型升级、提质增效、创新发展，取得明显成效。经积极培育争取，潍坊市被确定为国家环渤海高端装备制造业基地、国家产融合作试点城市、国家首批循环经济示范创建市、国家首批信息消费试点城市、国家电子商务示范城市、国家新能源汽车推广应用示范城市。下一步，潍坊将致力于将本市打造成为国际动力城、山东机械装

---

① 吴晓强.走过七十年　迈向新征程[N].潍坊日报,2018-05-08.
② 刘杰.聚势起舞　春潮涌动[N].潍坊学报，2018-12-18.

备制造产业创新及服务高地。

第一，工业发展质效明显提升。全市拥有规模以上工业企业近3000家，从业人数超过100万人，工业经济综合实力始终保持在省内前列，总量约占全省1/10、全国1/100，工业税收占全市税收比重始终保持在50%以上。近年来，全市规模以上工业在增加值保持稳定增长的同时，工业利税和利润始终保持在两位数增幅，均高于全省平均水平。

第二，制造业发展思路进一步明晰。围绕加快新旧动能转换的战略部署，进一步分析潍坊工业基础优势和存在的短板，在深入调研和充分听取专家意见建议的基础上，对制造业发展目标实现再提升、对发展措施进行再细化。在产业发展导向上，制订了高端化工、汽车制造、高端装备、新材料、海洋装备制造、海洋新材料、海洋化工七个产业发展专项方案和纺织服装、食品加工、造纸包装三个产业集群转型提升方案。在推进企业高质量发展上，坚持腾笼换鸟、凤凰涅槃，学习浙江经验，在省内率先出台了《关于在全市开展工业企业综合评价的指导意见》，通过正向激励和反向倒逼，引导企业高质量发展，该项工作已在全市全面推开。在转型升级路径上，制订了绿色化改造、智能化改造、技术改造三年专项行动方案和股份制改造方案，扎实推进工业"四改"[①]。

第三，重点产业转型升级成效明显。潍坊市强力推进化工产业安全生产转型升级专项行动，组织全市1122家化工生产企业进行"四评级一评价"，关停散乱污化工企业664家，调整优化化工产业布局，9个化工园区已获省政府批复，如期完成中央环保督察问题整改。制定铸造行业转型升级实施意见，关停铸造企业300余家，在昌邑市、坊子区建设了共享工厂，在全省率先探索实施了铸造行业经济发展模式。超前布局虚拟现实（VR）产业，做大新兴产业规模。持续加快产业集群培育，制订了电子信息、石化盐化等九大产业千亿级产业链和产业集群培育方案[②]。

[①] 管斌,刘杰.潍坊发展有实招[N].经济日报,2019-09-11.
[②] 吴晓强,韩滨.全市工业转型升级加速推进[N].潍坊日报,2017-11-01.

第四，工业投资稳定增长。近年来，全市工业技改投资总量和增速始终保持在全省前两位。2017年，昌邑石化山东化工原料基地升级改造等175个项目列入省经信委工业新旧动能转换重点项目库，2018年谋划千项重点技改项目中的85个项目列入省重点技改项目计划，数量居全省首位。潍柴动力、新视听2家企业的项目列入国家工业强基工程，诸城市商用车及零部件、现代食品产业2个产业集群获批省转型示范主导产业集群。机械装备（智能农机）·山东潍坊坊子获批国家新型工业化产业示范基地（特色），动力装备产业集群被列为全省转型升级示范三大支柱产业集群。

第五，企业创新体系更加完善。建立了创新平台+创新项目+高端人才+产学研合作"四位一体"的技术创新工作推进体系。全市共有市级以上企业技术中心511家，市级以上工业设计中心130家。其中，省级企业技术中心总数219家，省级工业设计中心29家[1]，均居全省首位。全市共有25人入选传统产业创新类泰山产业领军人才，连续4年居全省首位。

第六，企业培育取得新突破。制订出台了行业龙头企业群和"隐形冠军"企业群培育方案，国家级制造业单项冠军企业达到7家，省级瞪羚企业累计达到29家，省级制造业单项冠军、省级"隐形冠军"、省级瞪羚企业数量均居全省首位。龙头企业智能制造水平极大提升，盛瑞传动项目被列入国家智能制造综合标准化与新模式应用专项，景芝酒业项目被认定为国家智能制造试点示范项目，潍柴动力等3家企业列入省智能制造标杆企业（达到全省智能制造标杆企业指标的25%）。

第七，绿色发展水平持续提升。建立完善绿色制造体系，全市10蒸吨/小时及以下燃煤锅炉已全部停用。新能源和可再生能源发展迅速，风力发电、光伏发电容量均居全省前列[2]。编制印发"十三五"循环经济规划，全面实施绿色制造、"淡水工厂"建设、余热暖民等八大工程。国家级循环经济示范城市

---

[1] 刘杰.聚势起舞 春潮涌动[N].潍坊日报,2018-12-18.
[2] 吴晓强,韩滨.全市工业转型升级加速推进[N].潍坊日报,2017-11-01.

创建历经三年，通过了专家验收，成为全国唯一的循环经济示范城市。

第八，融合发展不断深入。编制出台了《潍坊市深化"互联网+先进制造业"发展工业互联网行动方案》，企业信息化发展指数由2015年的52大幅跃升至2018年的73.8，入选省级以上两化融合管理体系贯标试点企业63家，居全省前列。全面推动企业上云工作，上云企业突破3000家，潍柴动力、歌尔股份等7家企业被评为省级上云标杆企业，数量居全省首位。军民融合产业快速发展，初步形成了"一核心多园区"军民融合产业发展的格局。潍坊市成功争创为国家级产融合作试点城市。

第二节 纺织服装产业动能转换分析

一、潍坊市纺织服装产业发展现状

潍坊市是山东省重要的纺织服装生产基地和出口加工基地，纺织服装产业是潍坊市六大传统支柱产业之一。诸城市、高密市、昌邑市分别被中国纺织工业联合会命名为"中国男装名城""中国家纺名城""中国印染名城"[1]。潍坊市纺织服装产业以孚日家纺、帛方纺织、新郎服饰等重点企业为龙头，建立化纤、棉纺—印染—服装制造的产业主链。积极推进废旧纺织品的再生利用，从产品整个生命周期出发，开展低碳设计，大力推进甲壳素纤维、海藻纤维、溶剂法纤维素纤维等可再生生物质纤维产业化进程。企业内部积极开展落地棉、废棉纱以及服装加工余料的回收循环利用，提高工艺用水的循环利用率。2018

---

[1] 潍坊市人民政府.潍坊市人民政府关于印发潍坊市推进机械装备产业发展实施方案等七个方案的通知[R].2015-08-23.

年1—11月，纺织服装产业实现主营业务收入1047亿元，利税70亿元，利润44亿元。

2017年，潍坊市纺织服装产业企业单位数共504家，占全市企业数量的14.42%；其中亏损企业74家，占全市亏损企业数量的19.95%；按当年价格计算的工业总产值为12 674 421万元，占全市工业总产值的比重为10.98%；工业销售产值为2 649 056万元，占全市工业销售产值的比重为2.33%；当年出口交货值为1 036 558万元，占全市出口交货值的比重为10.82%；产成品量为221 608件，占全市产成品量的比重为29.07%；资产总计达4 775 299万元，占全市资产总值的比重为5.46%。

潍坊市纺织服装产业发展具有以下特点：纺织服装产业的规模优势较为明显，出口导向型较为明显；龙头企业引领带动效应明显，品牌价值极为凸显；产业链条较为完整，产业配套服务较为完善；出口产品种类较多，出口地区较为广泛，出口贸易总量较大；产业基础较为雄厚，文化底蕴较为丰厚。潍坊市纺织服装产业发展仍面临很多问题，突出表现在：产业关联度较差，协同发展能力较弱；产品种类相对单一，产品同质化竞争较为严重；高端专业人才缺乏，高精尖产品相对不足；上游纤维原料供应及印染技术配套能力相对不足，产业链条有待进一步拓展。

二、纺织服装产业动能转换前景

伴随新旧动能转换战略的积极推进，潍坊市纺织服装产业面临着重大发展机遇。改革开放以来，我国的纺织服装产业同世界纺织服装产业紧密结合、同步发展，已成为世界分工体系的一部分，产业比较成熟，国际化进程加快。伴随着国际纺织服装产业新的转移趋势，我国纺织服装产业又面临着产业转移和升级发展的良好契机。

随着一系列政策出台，纺织服装产业未来发展前景看好。国家和山东省出台了提高出口退税率、棉花直补、取消棉花储备等有利于纺织服装产业发展的新政策，内外棉花差价缩小，企业的国际竞争力增强。

人民生活水平的不断提升和需求多元化，为纺织服装产品带来了巨大的消费市场，电子商务发展迅猛，改变了纺织服装企业商业模式和人们的消费方式，拓展了纺织服装的市场空间。碳纤维、聚苯硫醚、芳纶和聚酰亚胺等高新技术纤维的技术突破，为纺织服装产业广泛应用功能性高档纤维奠定了基础，可以研发高品质、时尚化纺织服装产品，满足不同消费群体的需求。"一带一路"倡议的全面实施，更是为纺织服装产业的发展提供了更为广阔的空间。

三、纺织服装产业动能转换发展定位

今后五年内，潍坊市纺织服装产业动能转换的发展定位为：淘汰落后产能，加大技术改造、技术创新力度，进一步完善产业环境，优化产业空间布局，扶持壮大一批龙头骨干企业，加强企业间的协作配套，重点突破上游纤维原料和下游三大终端产品等领域，培育发展一批有市场影响力的品牌，提高品牌效应，不断提高纺织服装产业的技术水平和企业竞争力[①]。

具体而言，纺织服装产业动能转换的发展定位如下。

纺织服装产业的发展目标为，在巩固现有产业优势的基础上，完善产业配套，提高产业聚集度，形成更多有实力的知名企业和著名品牌，推动纺织服装产业转型升级。产业规模的发展目标为，力争到2020年，实现主营业务收入1856亿元，实现利税163亿元，利润111亿元；到2025年，实现主营业务收入2258亿元，实现利税198亿元，利润135亿元。

纺织服装企业的发展目标为，力争到2020年，至少有一家企业进入全国前10强，30家企业进入中国纺织服装500强；到2025年，至少2家企业进入

---

① 潍坊市人民政府.潍坊市人民政府关于印发潍坊市推进机械装备产业发展实施方案等七个方案的通知[R].2015-08-23.

全国前10强，50家企业进入中国纺织服装500强。产业链配套齐全，均衡发展。

纺织服装产品的发展目标为，力争2020—2025年，服装、家纺产品迈向高档化，传统品牌的影响力进一步提升，产业用纺织品的比例大幅提高，产品性能达到国际先进水平。

第三节　汽车制造产业动能转换分析

一、潍坊市汽车制造产业发展现状

经过多年发展，潍坊市形成了以货车、专用车、电动车及零部件为主的汽车生产制造和科研开发配套体系，产业集中度不断提高，技术水平大幅提升。潍坊市汽车制造产业发展具有以下特点：以生产轻型载货汽车、专用特种车等商用车为主，发动机及零部件竞争优势较为明显；产业技术开发能力较好，2018年已建成国家级企业技术中心2家，省级技术中心7家，市级技术中心33家。龙头企业竞争优势较为明显，汽车工业园产业聚集区集聚优势较为明显，2018年已经形成较为完善的汽车制造产业链[1]，部分产品在国内具有较强的市场竞争力。

2017年，潍坊市汽车制造产业企业单位数共136家，占全市企业数量的3.89%；其中亏损企业21家，占全市亏损企业数量的5.66%；按当年价格计算的工业总产值为5 674 767万元，占全市工业总产值的比重为4.91%；工业销售

---

[1] 山东省经济和信息化委员会、山东省发展和改革委员会、山东省科学技术厅关于印发《山东省汽车产业中长期发展规划（2018—2025年）》的通知[R].山东省人民政府公报,2018-06-20.

产值为 6 015 705 万元，占全市工业销售产值的比重为 5.29%；当年出口交货值为 92 372 万元，占全市出口交货值的比重为 0.96%；产成品量为 125 234 件，占全市产成品量的比重为 3.51%；资产总计达 3 966 924 万元，占全市资产总值的比重为 4.53%。

如表 6-1 所示，2018 年，潍坊市汽车制造产业发展的重点项目有：中高档商用车和乘用车系列主要发展北汽福田卡车优化升级技术改造项目、潍柴控股集团新能源轻型商用车项目等，特种汽车系列主要发展泽源汽车多功能环境作业车项目、山东满国康洁环卫新型智能扫路车建设项目等。汽车制造产业的龙头企业有：盛瑞传动股份有限公司、北汽福田诸城汽车厂、山东泰汽控股集团、山东凯马汽车制造公司等。汽车制造产业的重点园区有：福田诸城汽车及零部件产业园、潍柴新能源动力产业园、北汽福田互联网汽车产业基地、高新开发区盛瑞传动自动变速器配套产业园等。汽车制造产业的创新平台有：福田汽车山东工程研究院、潍柴新能源创新测试中心、福田汽车山东省汽车模具工程技术中心、盛瑞传动乘用车自动变速器工程技术研究中心等。

表 6-1 潍坊汽车制造产业发展重点

汽车制造产业	发展重点
汽车制造产业重点项目	北汽福田卡车优化升级技术改造项目、潍柴控股集团新能源轻型商用车项目、泽源汽车多功能环境作业车项目、山东满国康洁环卫新型智能扫路车建设项目、北汽福田潍坊发动机工厂建设项目、青州市汇强重工智能环卫和除雪车项目等
汽车制造产业龙头企业	盛瑞传动股份有限公司、北汽福田诸城汽车厂、山东泰汽控股集团、山东凯马汽车制造公司、潍柴动力股份有限公司、北汽福田多功能汽车厂等
汽车制造产业重点园区	福田诸城汽车及零部件产业园、潍柴新能源动力产业园、北汽福田互联网汽车产业基地、高新开发区盛瑞传动自动变速器配套产业园、青州轻型载货汽车工业园、高密汽车零部件加工生产基地

续表

汽车制造产业	发展重点
汽车制造产业创新平台	福田汽车山东工程研究院、潍柴新能源创新测试中心、福田汽车山东省汽车模具工程技术中心、盛瑞传动乘用车自动变速器工程技术研究中心、山东汽车制动件精密铸造技术工程实验室、大洋泊车立体停车设备研发平台等。

二、潍坊市汽车制造产业发展存在的问题

潍坊市汽车制造产业在发展壮大的同时，也存在一些问题和不足。

第一，产业结构不合理。汽车整车以中低端轻型载货汽车为主，缺乏中高档中重型汽车品种。轻型载货汽车产能大，供给侧结构性改革有待进一步深入加强。乘用车产品尚未形成规模，缺乏有较强竞争力的中高级轿车产品，高档乘用车有待突破。

第二，自主研发能力薄弱。汽车科研机构少，企业自主开发能力较弱，行业关键共性技术研发平台发展滞后，自主知识产权高附加值产品相对缺乏。技术创新仍停留在引进和仿制上，少见自主开发达到国际领先水平的独创原创技术和产品。

第三，产业聚集关联度不够紧密。与国内"四大""四小"汽车生产企业相比，潍坊市虽有多个汽车制造产业园区，但彼此较为独立，协作能力不强，产业上下游关联相比而言不够紧密，关键基础配套能力不足，整车企业对本地零部件企业带动作用有待提高。

第四，专业人才缺乏。当前潍坊市企业普遍存在高级管理人才和行业领军人才缺乏，高级技工、操作工短缺等现象。人才聚集效应不强，专业技术人员再教育机制不健全。科技人才成长激励方式、能力评价机制、政策环境等亟待完善。高端人才的引进和高素质的职业工人的培养问题，亟须政策性的扶持和系统性的解决。

三、汽车制造产业动能转换发展定位与目标

（一）动能转换发展定位

大力实施供给侧结构性改革，调整优化产品结构，完善汽车产业布局，做强做大骨干企业，培育壮大乘用车产业，努力发展中高端产品，重点突破核心技术，培育扶持关键零部件制造企业发展，加快产业配套建设，鼓励提高本地配套率，实现创新、绿色发展，打造特色鲜明、核心竞争力强的国内知名汽车制造产业基地。

（二）动能转换发展目标

第一，产业规模不断扩大。力争到2020年，预计主营业务收入710亿元；到2025年，力争达到1000亿元，年均增长7.0%。

第二，产品结构进一步优化。发展中高端、中重型卡车，重点发展乘用车、轻型客车，加快发展新能源汽车，巩固提高轻卡、专用车现有优势，完善汽车制造产业链条，到2020年建成200万辆产能生产基地。以北汽福田山东多功能汽车厂、北汽福田诸城汽车厂等为龙头，积极引进国内外知名企业特别是乘用车企业来潍坊发展，加快潍坊市乘用车产业发展。

第三，新能源汽车产业得到快速发展。力争2020年培育3~5个竞争力较强的新能源汽车关键零部件生产企业，形成门类齐全、产品先进、配套完善的新能源客车、乘用车、专用车和关键零部件生产基地，主营业务收入达到400亿元。

第四，技术创新能力稳步提高。力争到2020年，全市汽车产业产品研发投入占主营收入的比重达到1.65%，重点企业力争达到5%，省级以上企业技

中心达到30家。以企业为主体，以引进、消化、吸收和自主创新相结合的技术创新体系进一步完善。

第四节　机械装备产业动能转换分析

一、潍坊市机械装备产业发展现状

潍坊市机械装备产业是潍坊市传统优势支柱产业，以动力装备、农业装备为主，其他民用机械同步发展，门类比较齐全。主导产品有内燃机、拖拉机、收获机械、工程机械、环保设备，以及专业配套的零部件。多年以来，围绕内燃机、收获机械等整机产品，打造起了从主机到零部件专业化协作和配套链条。形成了高新区动力机械及高端制造产业集群、坊子区高端农业装备及配套产业集群，在全省乃至全国具有较强竞争实力。蓝擎发动机、谷神联合收割机和前置前驱8挡自动变速器，代表了国家同行业核心技术能力和水平。2018年1—11月，全市机械装备产业主营业务收入2306亿元，利税222亿元，利润155亿元。

如表6-2所示，目前，潍坊市机械装备产业发展的重点项目有：潍柴控股集团170系列柴油机智能化改造项目、山东豪迈机械制造动力装备关键零部件项目、潍柴动力210产品船舶推进系统动力总成研发集成和制造基地项目、孚润机械涡轮增压器叶轮项目等。机械装备产业的龙头企业有：潍柴动力股份有限公司、山东豪迈机械制造有限公司、山东天瑞重工有限公司、雷沃重工股份有限公司等。机械装备产业的重点园区有：高新开发区潍柴动力工业园、坊子雷沃智能农业装备产业聚集区、高密市豪迈装备产业园、昌乐县山东矿机智能制造产业园等。机械装备产业的创新平台有：潍柴动力内燃机可靠性国家重点实验室、潍柴重机国家大缸径天然气发动机研发试验平台、雷沃重工智能农机创新中心、豪迈科技轮胎模具国家地方联合工程实验室等。

表 6-2 潍坊机械装备产业发展重点

机械装备产业	发展重点
机械装备产业重点项目	潍柴控股集团 170 系列柴油机智能化改造项目、山东豪迈机械制造动力装备关键零部件项目、潍柴动力 210 产品船舶推进系统动力总成研发集成和制造基地项目、孚润机械涡轮增压器叶轮项目、立辉重工 1800 台高速数控拉削机床项目、雷沃重工精量播种机项目等
机械装备产业龙头企业	潍柴动力股份有限公司、山东豪迈机械制造有限公司、山东天瑞重工有限公司、雷沃重工股份有限公司、山东科乐收金亿农业机械有限公司、潍坊一立精密铸造有限公司等
机械装备产业重点园区	高新开发区潍柴动力工业园、坊子雷沃智能农业装备产业聚集区、高密市豪迈装备产业园、昌乐县山东矿机智能制造产业园、诸城迈赫智能机器人产业园、安丘智能装备产业聚集区等
机械装备产业创新平台	潍柴动力内燃机可靠性国家重点实验室、潍柴重机国家大缸径天然气发动机研发试验平台、雷沃重工智能农机创新中心、豪迈科技轮胎模具国家地方联合工程实验室、机械科学研究总院高密分院、山东省拉削机床工程技术研究中心等

二、潍坊市机械装备产业发展的特点及问题

（一）机械装备产业发展的特点

潍坊市机械装备产业发展具有以下特点。

第一，产业基础雄厚，长期保持较高增速。与省内机械装备制造的主要城

市相比，潍坊市位居前列，主营业务收入排名第三，仅次于青岛和烟台，增长率排名第二，仅次于烟台。与我国机械装备制造的重点城市对比，潍坊市机械装备产业增长率相对较高，显示出良好的发展潜力。

第二，重点产业实力较强，位居全国前列。潍坊市是全国知名的"动力城"，农机产量约占全国的36%，处于绝对领先的位置。农业装备实力突出，是国家重要的农机产业集群地。其中，小麦收割机占据全国70%以上的份额。在动力系统方面，2016年盛瑞传动研发的8AT变速器荣获国家科技进步一等奖，填补了国内自动变速器市场空白，改变了国际厂商长期垄断的局面。

第三，产业集中度高，龙头企业实力突出。潍坊市机械装备规模以上企业达757家，仅次于青岛，数量位列全省第二。潍坊市机械装备大型企业数量仅占全部机械装备企业的8.29%，而主营业务收入占比却超过了70%，产业集中度较高。其中，内燃机行业集中度最高，潍柴控股集团的内燃机业务收入占潍坊市全部内燃机行业收入的90%以上，体现出成熟的产业发展特点。

第四，重点行业引领，产业结构趋于合理。内燃机、农业装备支柱产业的主营业务收入，占潍坊市机械装备产业总收入的55%，整体增长率远高于全国增长率，推动了机械装备产业的整体发展。围绕主导产业，初步形成了上下游协同的产业链带动效应。以潍柴为重点的内燃机产业，以福田雷沃为重点的农业装备产业，带动了上下游产业链的集聚和协同，产业结构趋于合理[①]。

（二）机械装备产业发展的问题

潍坊市机械装备产业在发展中仍面临很多问题，集中表现以下方面。

第一，企业关键技术自主创新能力不强。全市机械装备产业缺少公共技术服务平台，缺乏对公共关键技术与功能部件的联合开发与创新研究。技术

---

① 潍坊市人民政府.潍坊市人民政府关于印发潍坊市推进机械装备产业发展实施方案等七个方案的通知[R].2015-08-23.

创新仍停留在引进和仿制上,少见自主开发达到国际领先水平的独创原创技术和产品。

第二,关键基础配套能力不足。关键零部件产品落后,为整机和成套设备配套的轴承、液气密封件、模具、齿轮、紧固件等基础件,泵、阀、风机等通用件,工业自动化控制系统、精密仪器仪表等测控部件,质量和可靠性不高,品种规格不全。

第三,多数企业国际化程度不高。大多数企业没有开展国际化业务,缺乏国际化战略,走出去意识不强。已开展国际业务的企业,大多还停留在海外代理销售阶段,出口业务占比极小,国际化经营能力较低。

第四,企业智能化、绿色化技术应用较少。智能化的理念没有充分融合在产品的开发设计中,产品多以传统、低值为主,缺乏技术竞争力。生产过程中的智能化技术改造投入较低。绿色化发展在内燃机、农业装备等大型企业中有所体现,但大部分中小企业还处于探索阶段,离实现产品化、产业化还有一段距离。

三、机械装备产业动能转换发展定位与目标

(一)动能转换发展定位

大力发展动力装备、农业装备两大支柱产业,推动工程机械、矿山机械等基础产业专业化发展。通过推进企业国际化进程,优化及完善产业创新体系,构建和发展金融体系三项任务,创建机械装备产业和谐发展生态环境,解决产业发展的关键技术问题,促进企业创新能力提升,壮大产业链,推进机械装备产业的绿色化和智能化发展,将潍坊市打造成为国际动力城、山东机械装备制造产业创新及服务高地。

（二）动能转换发展目标

动能转换发展有如下几个目标。

第一，产业规模跃上新台阶。2020 年，达到 3200 亿元。到 2025 年，力争达到 4500 亿元，年均增长 7.0%，作为国民经济支柱产业的作用更加明显。

第二，创新能力大幅提升。2020 年，初步形成产学研用相结合的机械装备技术创新体系，骨干企业研发投入占销售收入的比重力争达到 5% 以上，突破和掌握一批重点领域的核心技术。到 2025 年，全市机械装备行业研发投入占销售收入的比重力争达到 3% 以上，骨干企业力争达到 6% 以上，形成一批自主技术和标准，成为国内机械装备研发制造强市。

第三，骨干企业队伍进一步壮大。2020 年，主营业务收入过 2000 亿元的企业 1 家，过 100 亿元的超过 5 家。培育一大批"专、精、特、新"的专业化生产企业，形成优势互补、协同发展的企业格局。

第四，关键基础配套能力明显增强。2020 年，全市机械装备所需的关键配套系统与设备、关键零部件与基础件制造能力明显提高，部分部件性能和质量达到国际先进水平，智能技术及核心装置得到普遍推广应用。到 2025 年，能够研发创新一批具有自主知识产权的关键工艺技术和关键基础件，打破国外垄断，满足市场需求。

第五，产业集群建设再上新水平。继续加大对机械装备产业基地园区的培育和建设力度，鼓励有条件的地区发挥比较优势，围绕机械装备特色产业，引导企业以产业链为纽带，促进机械装备集聚、集约发展，力争到 2025 年，重点培育壮大 3 个机械装备产业承载园区，形成以大型企业为骨干、中小专业配套企业为支撑的产业发展新业态。

第五节　食品加工产业动能转换分析

一、潍坊市食品加工产业发展现状

食品加工产业以农牧渔业、林业、化学工业产品或半成品为原料,制造、提取、加工成产品,是连续而有组织的经济活动,包括农副食品加工业,食品制造业,酒、饮料和精制茶制造业。食品加工产业是潍坊市传统优势产业,已初步形成以畜禽屠宰及肉类加工、粮食及油脂加工、果蔬加工为主,调味品及发酵制品加工、饮料酿酒加工、乳制品加工、食品添加剂及配料加工、方便食品加工为辅,门类齐全的产业体系。[①]

潍坊市食品加工产业以得利斯集团、乐港集团、诸城外贸、安丘外贸等企业为主导,推行诸城外贸贸工农一体化的经济模式,实现蔬菜、瓜果、畜禽、水产品等主要农副产品资源与工厂化生产加工的链接,拉长拓宽加工链条和领域。同时充分利用农副产品生产、加工剩余物,推进制取肥料、饲料的资源化利用,实现工农业产业互动。2018年1—11月,潍坊市食品加工产业年实现主营业务收入974亿元,实现利税63亿元,实现利润44亿元。

2017年,潍坊市食品加工产业企业单位数共109家,占全市企业数量的3.12%;其中亏损企业9家,占全市亏损企业数量的2.43%;按当年价格计算的工业总产值为2 987 387万元,占全市工业总产值的比重为2.59%;工业销售产值为2 964 725万元,占全市工业销售产值的比重为2.60%;当年出口交货值为

---

① 鲁经纬.山东潍坊加快食品加工产业转型升级[N].中国工业报,2015-08-12.

538 550 万元，占全市出口交货值的比重为 5.62%；产成品量为 89 673 件，占全市产成品量的比重为 15.11%；资产总计达 1 488 259，占全市资产总值的比重为 1.70%。

如表 6-3 所示，2018 年，潍坊市食品加工产业发展的重点项目有：中国食品谷食品小镇项目、渠风食品小麦高值化深加工及绿色循环经济产业基地项目、合力牧场乡间牧场项目、百纳城酒庄葡萄种植产业融合项目等。食品加工产业的龙头企业有：山东寿光蔬菜产业集团、山东寿光天成食品集团有限公司、山东苏伯食品股份有限公司、山东泰华食品股份有限公司等。食品加工产业的重点园区有：中国食品谷、寿光市国家级现代蔬菜种业创新创业基地、临朐全国区域性良种繁育基地、安丘全国食品（农产品）质量安全示范区等。食品加工产业的创新平台有：中国食品谷协同创新中心、中美食品与农业创新中心、中韩育种育苗技术研究中心、中荷现代农业合作交流中心等。

表 6-3 潍坊食品加工产业发展重点

食品加工产业	发展重点
食品加工产业重点项目	中国食品谷食品小镇项目、渠风食品小麦高值化深加工及绿色循环经济产业基地项目、合力牧场乡间牧场项目、百纳城酒庄葡萄种植产业融合项目、雅拉生态食品科技园项目、寿光设施蔬菜产业智慧化项目等
食品加工产业龙头企业	山东寿光蔬菜产业集团、山东寿光天成食品集团有限公司、山东苏伯食品股份有限公司、山东泰华食品股份有限公司、潍坊万鑫食品有限公司、潍坊瑞福油脂股份有限公司等
食品加工产业重点园区	中国食品谷、寿光市国家级现代蔬菜种业创新创业基地、临朐全国区域性良种繁育基地、山东半岛果树组培育苗基地、安丘全国食品（农产品）质量安全示范区、全国有机农业生产试验基地、昌乐省级农业科技园区、寒亭嘉实高端食品产业园等

续表

食品加工产业	发展重点
食品加工产业创新平台	中国食品谷协同创新中心、中美食品与农业创新中心、兴旺种业育种研发基地、中韩育种育苗技术研究中心、中荷现代农业合作交流中心、寿光蔬菜种业研发中心等

二、潍坊市食品加工产业发展的特点及问题

潍坊市食品加工产业发展的特点主要体现在以下几个方面。

第一，核心功能突出，区域配套鲜明。潍坊市食品加工产业经过转型升级，逐步向食品加工业全产业链纵深发展，涵盖了农副业生产、农副产品加工、各类食品及相关产品生产、加工、仓储、物流、研发、交易等多个领域。形成了以中国食品谷为核心区，以寿光市、诸城市、安丘市、峡山生态发展区、昌乐县为特色生产基地的产业布局。

第二，产业规模大，龙头企业强。形成了一批规模大、科技含量高、辐射带动能力强、具有行业影响力的龙头企业。2016年全市规模以上食品企业实现主营业务收入占全省的10%，主营业务收入过亿元的企业282家，其中主营业务收入过10亿元的企业30家，诸城外贸有限责任公司和得利斯集团主营业务收入过百亿元。有11家企业荣获全国农业产业化龙头企业，73家企业荣获山东省农业产业化龙头企业。

第三，市场覆盖广，出口份额占比高。潍坊市是国内重要的食品加工生产和出口基地，产品广受国际市场认可。全市500余种食品出口到日韩、欧盟、北美等120多个国家和地区[1]。

潍坊市食品加工产业在发展中仍存在很多问题，突出表现在以下几个方面。

其一，产业发展层次较低。大部分企业以肉制品、粮食和果蔬加工为主，

---

[1] 王玲玲,高文庆,张瑞业,等.基于全球价值链视角的潍坊市传统优势产业转型升级研究[J].潍坊学院学报,2017,17(5):1-7.

农副产品加工业占潍坊市食品工业的 75%，产品利润率为 5%，比全省低 0.9 个百分点。

其二，未能形成有竞争力的食品品牌。2016 最具价值中国品牌 500 强的 80 个食品品牌中，潍坊市只有得利斯品牌上榜，企业品牌整体知名度不高，没有形成在全国具有影响力、代表性的食品品牌，与行业的经济总量严重不符。

其三，企业创新能力较弱。企业自主研发意识薄弱，产品科研投入不足。产品技术含量较低，市场竞争力较弱，产品同质化竞争较为严重[1]。

其四，产品营销模式单一。潍坊市食品加工业多以传统的线下营销为主，营销模式较为单一。仓储、运输等服务不够专业，不能满足日益扩大的食品市场的配送需求。

三、食品加工产业动能转换发展定位与目标

围绕现代食品产业体系建设，以市场为导向，以满足人民群众不断增长的食品消费和营养健康需求为目标，以科技创新为动力，提质增效，转型发展，推动全产业链有效衔接，构建质量安全、绿色生态、独具优势的现代食品产业，打造全国重要的食品生产基地。

（一）动能转换发展定位

以构建现代食品产业体系和食品安全建设为中心，以"互联网+食品加工产业"为突破口，以市场为导向，以延伸补强产业链为主线[2]，充分利用潍坊市农副产品资源优势，培育具有世界影响力和潍坊特色的食品品牌，壮大具有自主创新能力的龙头企业集群，引导食品加工业向"产品结构多元化、品种档

---

[1] 缪凯.达州市蔬菜加工产业发展现状及建议[J].长江蔬菜,2017（2）：78-80.
[2] 韩立新.我市食品加工产业发展迈入快车道[N].潍坊日报,2016-09-06.

次高端化、产业形式基地化、生产技术高新化、企业规模大型化"方向发展[①],构建核心突出、功能完善、体系完整、品牌影响力强的发展格局,加快实现潍坊市食品产业转型升级,实现持续健康发展。

(二)动能转换发展目标

动能转换的发展目标有:其一,2020年产业规模达到1820亿元,2025年力争达到2150亿元。其二,2020年新增国家级企业技术中心1家,省级企业技术中心8家,市级企业技术中心12家;2025年力争新增年国家级企业技术中心2家,省级企业技术中心9家,市级企业技术中心15家。其三,2020年主营业务收入过30亿元的企业达到5家,2025年力争达到7家。

第六节 造纸包装产业动能转换分析

一、潍坊市造纸包装产业发展现状

潍坊市造纸包装产业主要涉及造纸、纸浆、纸制品、造纸机械、造纸化工、印刷业等领域[②],现有以包装纸、生活用纸、文化用纸、特种纸为主的四大类1000多个品种。造纸包装产业已经发展成为潍坊市六大传统产业之一,产能占全省的1/3,占全国的1/10,主要经济运行指标一直处于全国前列,在推动经济发展、促进就业等方面发挥着重要作用[③]。

---

① 山东潍坊食品加工产业大步向前发展[EB/OL]. http://www.chinastoc.
② 山东潍坊制定《推进造纸包装产业发展实施方案》[EB/OL]. http://blog.sina.com.
③ 潍坊市人民政府.潍坊市人民政府关于印发潍坊市推进机械装备产业发展实施方案等七个方案的通知[R]. 2015-08-23.

潍坊市造纸包装产业以晨鸣集团、恒联投资、世纪阳光纸业等龙头企业为核心，充实完善林浆纸一体化循环经济链条，充分利用北部沿海建设速生林基地和芦苇生产基地，将处理后造纸废水浇灌林地、芦苇[①]，实现废水进一步净化，同时为造纸行业提供稳定、优质的制浆原料。推进废纸回收利用，依托造纸产业优势，大力发展印刷业等相关产业。企业内部重点开展造纸废水沼气发电、水资源循环利用、造纸污泥制取有机肥、碱回收等资源化利用工作。潍坊市现有国家级企业技术中心1家、省级企业技术中心4家。2018年1—11月，造纸包装产业主营业务收入282亿元，利税23亿元，利润10亿元。

2017年，潍坊市造纸包装产业企业单位数共59家，占全市企业数量的1.69%；其中亏损企业4家，占全市亏损企业数量的1.08%；按当年价格计算的工业总产值为3 252 940万元，占全市工业总产值的比重为2.82%；工业销售产值为3 190 840万元，占全市工业销售产值的比重为2.80%；当年出口交货值为260 497万元，占全市出口交货值的比重为2.72%；产成品量为83 310件，占全市产成品量的比重为7.31%；资产总计达9 297 641万元，占全市资产总值的比重为10.63%。

二、潍坊市造纸包装产业发展的特点及问题

潍坊市造纸包装产业发展具有以下特点。

其一，龙头企业引领带动效应较强。潍坊市造纸包装产业龙头企业较多，诸如晨鸣纸业、世纪阳光纸业、恒安纸业、恒联集团等，龙头企业的规模较大，实力雄厚，产能较高，引领带动了潍坊市造纸包装产业的发展。

其二，造纸包装产业园区发展迅速。园区的产业基础较为雄厚，长期保持较高增速。晨鸣工业园、世纪阳光产业园、恒联产业园等园区技术力量雄厚，创新能力较强，技术水平及运营水平均居全国前列，部分关键技术甚至领先世界。

---

① 许乾.区域（城市）循环经济发展模式的实证分析[D].济南：山东师范大学,2010.

其三，造纸包装产业生态化模式领先全国。潍坊市造纸包装产业采用国际标准的环保设备，循环经济链条较为完善，实现了生态化、循环化发展。多家企业的产品形成了市场覆盖面较广的国际销售网络，产品远销海内外，形成了良好的品牌效应。

潍坊市造纸包装产业在发展中仍面临很多困难，突出表现在以下几个方面。

其一，部分产品仍处于价值链低端。潍坊市造纸包装产业的部分产品仍以制造环节为绝对主导，以间接消费品文化用纸为优势产品，深耕产品附加值不够，附加值高的终端产品开发不足。核心竞争优势仍主要集中在原纸的生产制造环节，下游印刷包装产业弱小，高附加值的特种纸比重偏低，产品设计、包装、印刷、流通环节相对不足。

其二，技术创新仍存在短板。潍坊市造纸包装产业的特种纸研发力度不够，自有的造浆工艺无法满足国内外产品的大量需求，部分技术及设备需要从国外进口，国产装备水平不高[1]。

其三，服务的专业化水平不高。潍坊市造纸包装产业的末端服务延伸不够，没有形成一体化的服务体系[2]，产业链的增值服务未能有效拓展，一定程度上阻碍了企业对细分市场和服务的拓展，影响了企业盈利水平。

三、造纸包装产业动能转换发展定位与目标

潍坊造纸包装产业有着深厚的产业基础，是潍坊市六大传统优势产业之一，在山东省具有重要地位。潍坊市造纸包装产业建立起面向全国的市场辐射能力，龙头企业建设了覆盖全国的营销网络，并大力开拓国际市场，领跑产业多元化发展。但同时潍坊造纸包装产业发展也面临着一些问题，比如产业以制造环节

---

[1] 山东省经济和信息化委员会.山东省经济和信息化委员会关于印发山东省造纸工业"十二五"发展规划的通知[R].2011-12-11.

[2] 潍坊市人民政府.潍坊市人民政府关于印发潍坊市推进机械装备产业发展实施方案等七个方案的通知[R].2015-08-23.

为绝对主导、处于价值链的底部，大型企业与中小企业呈现显著的二元化发展态势，企业自主研发实力有限、产业发展后劲不足，龙头企业缺乏与本地其他产业的互动，产业在环境问题上缺乏有效的协调机制等。

（一）动能转换发展定位

围绕造纸包装产业未来发展方向和潍坊产业发展需要解决的主要问题，潍坊市将重点从以下几个方面入手，提升本市造纸包装产业的综合竞争力，打造全国领先的绿色造纸包装一体化产业基地。

第一，提高造纸产业集中度，发挥造纸行业的规模优势。开展政府引导、企业自愿、市场化运作的产能置换，推动造纸包装产业的产能结构调整，鼓励大型企业通过兼并重组，整合中小企业的优势产能，淘汰落后生产线，增加先进产能在行业中的比重，进一步提高产业集中度。

第二，鼓励企业引进国际先进技术，开发包装完整解决方案。从单纯生产型向生产和服务型转型，从提供产品向提供服务、提供解决方案发展，提高加工深度与产出价值，拓展纸制品加工应用范围，延长造纸产业终端，形成良性循环产业链。发展纸质包装的设计、装潢、制盒、印刷、制本等纸制品深加工产业，有条件的造纸企业可将原纸及纸板进一步做成终端产品，强化与省内外大宗工业品、日用生活品、家电生产企业的配套[①]。

第三，以汶瑞机械、凯信机械等国内造纸装备领军企业为依托，实施浆纸一体化解决方案。建立和完善全球客服体系，与国内外知名造纸机械企业、知名包装设计企业合作，共同研发文化纸、特种纸制造设备、尖端生活用纸设备，弥补产业链的薄弱环节，打造现代造纸装备制造业基地，为潍坊市造纸产业发展提供设备、技术支撑。

---

① 李伟鸣.以标杆企业为引领 加快山东省造纸产业转型升级[J].中华纸业，2014（13）：22-24.

（二）动能转换发展目标

立足结构调整和提质增效，大力实施走出去与引进来战略，努力提高产品科技含量，实现提质增效产业升级，培育全球一流的造纸包装产业集群。通过补充产业服务环节和完善产业核心配套环节，打造潍坊造纸包装产业生态圈，推进生态圈内各类企业间的协同合作。

具体而言，造纸包装产业动能转换的发展定位如下。

造纸包装产业规模目标为：2020年，实现主营业务收入1200亿元，实现利税80亿元，利润54亿元；力争到2025年，实现主营业务收入1300亿元，实现利税96亿元，利润65亿元。

造纸包装企业发展目标为：扶持一批有实力的企业做大做强，2020年，潍坊市1家企业持续保持全国行业领先，3家企业进入全国行业30强；力争到2025年，1家企业进入世界行业20强，3家企业跻身全国行业20强。

造纸包装产业重点产品目标为：2020年，打造5个特色品种和品牌，开发10个具有差异化竞争优势的产品；力争到2025年，造纸包装产品继续向高档化发展，品牌的影响力进一步提升，产品性能达到国际先进水平。

造纸包装产业环境发展目标为：2020年，提高产业集中度，形成结构合理、协同紧密的产业空间布局，中介组织的引导作用日趋明显，产业公共服务平台和产业管理进一步完善；力争到2025年，技术创新、品牌培育、市场营销等方面具备较强竞争优势；形成完整的产业链和合理的大中小企业梯次结构，造纸包装机械、印刷机械、技术服务、物流、软件等辅助性行业均衡全面发展，打造较为完整、配套协作的产业体系。[①]

---

① 潍坊市人民政府.潍坊市人民政府关于印发潍坊市推进机械装备产业发展实施方案等七个方案的通知[R].2015-08-23.

第七章

以新旧动能转换推动山东省开放发展

第七章
以新旧动能转换推动山东省开放发展

第一节　山东省实施新旧动能转换的背景与要求

一、经济新常态对新旧动能转换的需求

当前，以新一代信息通信技术与产业融合发展为主要特征的新一轮科技革命和产业变革，正在全球范围内孕育兴起，给世界产业技术和分工格局调整带来革命性影响。在此背景下，我国经济发展正在发生根本性变化和转型。在全面深化改革的带动下，十八大之后，中国经济步入发展新常态，这是世界经济增长周期和我国发展阶段性特征及其相互作用产生的必然结果。虽然经济从高速增长转为中高速增长，但新动能新经济正在中国蓬勃发展，悄然崛起成为对冲经济下行压力、护盘兜底、提质增效的新兴力量。

近些年来，新产业、新业态、新商业模式和新技术多点开花，促使新动能新经济迈入高速发展阶段。新的经济结构、经济模式正成为中国经济发展的新的力量，经济动能正在从传统增长的旧动能转变为新的增长动力。在全民创新、万众创业的时代背景下，创新创业成为中国新的经济增长动力引擎，也进一步带动了区域新旧动能转换。新旧动能的转换是经济发展规律的必然要求，伴随新旧动能的迭代更替，在过去对经济发展具有重要助推力的新动能也会随着比较优势的转换，逐步转换为旧动能。新旧动能转换是一种动态融合过程，不仅包括利用新动能改造传统产业、传统动能，形成新的动能，而且包括积极培育新动能。

当前中国经济发展的一个突出表现就是新旧动能转换在不同地区呈现差异化。贯彻新发展理念，培育壮大新动能，促进新旧动能接续转换，是以习近平

为核心的党中央做出的重大部署。现如今，我国正值新一轮的新旧动能转换的关键时期，把握好过去新旧动能转换的历史经验，有利于更好地把握今后的新旧动能转换的方向[①]。

新旧动能转换下如何推动产业转型升级至关重要，需要认识到我国区域产业升级孕育着巨大的动能，一方面需要切实贯彻创新驱动发展战略，推动科技、体制、模式、业态等全方位的创新，释放产业新动能；另一方面需要全面深化改革开放，从侧重提高发展数量和效益转向注重提升发展质量和效率，通过深入挖掘旧动能的潜力，拓展发展新空间。我们必须适应发展趋势，积极调整发展方式，及时实施发展战略，立足创新，培育一系列新的经济增长点，寻找新的动能和挖掘新的动能。

二、山东省经济发展对新旧动能转换的需求

新常态有三大特征：速度变化、结构优化、动力转换，其中速度变化是最直观的表现。山东省经济发展进入新常态后增速出现明显下降，新旧动能的转换推动着产业的转型升级，因此，实现产业结构的优化升级需要确保新旧动能的顺利转换。

山东省经济进入新常态后呈现出以下特征。

第一，山东省经济增速出现明显下降。2003年全国经济版图上，投资、消费、出口"三驾马车"并驾齐驱，除了广东省略好一点，山东省与江苏省你追我赶、交替领先。但2017年后，无论是总量规模还是质量效益，山东省与广东省、江苏省的差距越来越大。2017年，广东省实现GDP 8.9万亿元，江苏省8.59万亿元，山东省只有7.27万亿元。新旧动能转换，是山东省在中国经济迈入新常态下发出的改革强音，建设山东省新旧动能转换综合试验区，是党中央、国务院站在全局高度统筹谋划的结果。山东省新旧动能转换具有先行先试、为全国经济改

---

① 宁吉喆.新产业新业态新模式统计探索与实践[M].北京：中国统计出版社,2017.

革探路的重大意义,能否在三到五年内扭转动能衰退问题、形成新动能发展的良好格局,是山东省经济能否实行高质量发展的建设关键。

第二,山东省产业结构有待进一步优化。经济结构包括区域、城乡、所有制结构等,但最核心的是产业结构,产业结构里面最核心的是"三二一"模式,标志着经济发展的效益和水平。从全国来看,越往南方产业发展越快,广东省于2013年率先进入"三二一"产业结构模式,山东省2016年才实现产业结构"三二一"模式的调整,产业调整速度明显落后于广东。

第三,山东省经济增长动力亟须转换。我国拉动经济增长原来靠的是劳动力、土地、资本等传统生产要素,进入新常态后,经济增长模式的突出变化是原有生产要素的规模驱动力减弱,全面刺激政策的边际效用递减,传统生产要素再无力拉动经济保持高速增长。从支撑经济增长的要素投入看,2006—2015年,中国的劳动力成本上升了五倍。因此,依靠要素投入的传统的粗放式发展模式已经难以为继,新常态下,必须使用新动能来推动经济的新发展。

三、南北发展格局对新旧动能转换的需求

新常态是全国的新常态,但各地因发展阶段、产业结构、资源禀赋、地理区位不同,具体表现出的态势又大不相同。2017年4月,李克强总理视察山东时指出,现在中国经济走势分化的情况从"东西差距"问题变成了以黄河为界的"南北差距"问题。"南北差距"主要是新旧动能转换的问题,越往南,新旧动能转换得越早、行动越快、效果越好,目前已享受到动能转换的福利;越往北,旧动能衰竭,新动能找不到,还有的是知道了新动能在哪里,但是短期内难以抵消旧动能衰竭带来的损失。

（一）南方地区新动能主导，生机勃勃

1.广东省的"腾笼换鸟"改革

2008年广东省印发了《关于推进产业转移和劳动力转移的决定》，5年投入500亿元用来调整结构、提升劳动者素质。2008年在金融危机爆发前，广东省及时开展"腾笼换鸟"改革，集中淘汰了纺织服装、五金塑料、电子产品、陶瓷建材等传统型、低技术、高耗能行业。2018年，广东省产业发展焕发勃勃生机，先进制造业增加值占规模以上工业增加值比重达50%，现代服务业增加值占服务业比重达60%，技术自给率达71%，国家级高新技术企业从5452家增加到19857家，跃居全国首位。

2.浙江省的"四换三名"改革

2013年浙江省推出"四换三名"的决策部署，着力推进产业转型升级。"四换"指的是腾笼换鸟、机器换人、空间换地、电商换市，"三名"指的是培育一批知名企业、知名品牌和知名企业家。

具体措施为：一是培育和引进吃得少、产蛋多、飞得高的"俊鸟"；二是推进技术改造、设备更新和减员增效；三是创新要素配置方式，提高土地使用效率；四是把线上线下融合起来，实现"买全球、卖全球"。"四换三名"涵盖产业创新、技术创新、要素利用方式创新、商业模式创新等各方面，从体系上看，浙江省的产业改革政策比五年前广东省的产业政策更加丰富，也更为系统。

3.贵州省、安徽省的信息化战略

如果说发达地区是在全面推动动能转换，那么中西部地区受益于长江经济带、中部崛起等战略机遇，发挥后发优势，在某些单项领域超前布局，已经走在了全国产业改革的前列。贵州省大力实施大数据战略，电子信息制造业飞速发展，经济增速连续六年位居全国前三。安徽省提前布局芯片项目，全力推进液晶面板、集成电路等的研制开发，目前在国内已经居于领先水平。

（二）北方地区旧动能衰竭，步履维艰

北方地区的大部分省份过度依赖资源能源，产业结构单一，增长模式粗放，在经济形势好的时候，对发展趋势变化不敏感，错失了发展良机，导致现在步履维艰。东北三省目前矿产资源枯竭、工业结构失衡、企业步履艰难、效益滑坡严重，经济增长出现"断崖式"下滑。自2013年以来，东北三省GDP增速一直在全国垫底，GDP占全国的比重从改革开放初期的15%下降到2018年的8.3%。

近年来，中央政府加大力度推进动能转化。2018年9月，国务院印发了《关于支持山西省进一步深化改革促进资源型经济转型发展的意见》（国发〔2017〕42号）。在文件精神指引下，北方地区加快推进新旧动能转换，山西省建设了资源型经济发展示范区，河北省建设了雄安新区，辽宁省建设了辽宁沿海地区动能转换试验区。

四、山东省动能转换任务艰巨

（一）山东省开展新旧动能转换的基础

目前，全国区域经济发展的主要矛盾是南北问题，矛盾的主要方面在北方，而解决矛盾的关键就是山东省。

第一，山东省正处在黄河下游南北交换的重要区域，既有南方的优势和基础，也有北方的问题和困惑。综合分析，山东省有条件、有必要、有责任扛起新旧动能转换这杆大旗。山东省在全国新旧动能转换中能否闯出一条路子，对整个中国北方格局的改变具有关键性作用。

第二，山东省的经济发展在全国具有很强的典型性。山东省的经济结构与全国相似度较高，是全国经济发展的一个缩影，典型示范性较强。

第三，山东省的发展有基础，更有迫切需求。虽然 2018 年山东省 GDP 首次迈入 7 万亿元大关，但发展的质量和效益还不够高，与先进地区相比还有相当大的差距。山东省工业结构的特点是两个 70%：传统工业占工业比重 70%，重化工业占传统产业比重 70%，化学需氧量 COD 排放、氮氧化物排放、二氧化硫排放在全国都是第一。山东省服务业仍以传统的交通、商贸、餐饮住宿等为主，科学技术、研发设计、金融保险等现代服务业尽管发展较快，但规模偏小。

特别是最近这几年，山东省地方企业不愿争取国家资金支持，山东省财政收入占比一直比较低，大大低于广东、浙江、江苏等省的占比。根据山东省制订的新旧动能转换方案，到 2020 年山东省财政收入占 GDP 比重应达到 10%。2019 年山东省 GDP 为 71 067.53 亿元，财政收入为 6526.7 亿元，财政收入占 GDP 的比重为 9.18%；2020 年山东省 GDP 为 73 129.0 亿元，财政收入为 6559.9 亿元，财政收入占 GDP 的比重为 8.97%。尽管受新冠疫情影响，山东省财政收入还是有一定的增幅，但增幅不大，离预定目标仍有一定差距，今后的发展目标就是要提高质量和效益。

（二）山东省开展新旧动能转换的要求

新旧动能转换，总体是要以体制改革为动力，以技术创新为引领，以新技术、新产业、新业态、新模式为核心，以知识、技术、信息、数据等新生产要素为支撑，坚持增量崛起与存量变革并举、培育壮大新兴产业与改造提升传统产业并重，推动新动能加速成长。新旧动能转换破题，应该从发达地区或者有改革创新历史渊源的地方开始。山东省是全国的缩影，为全国经济发展做出了突出贡献，习近平总书记对山东省发展有明确要求，这是山东省发展的科学指导和重要遵循。

2013 年 11 月习近平总书记视察山东时就提出了"四个加大、一个着力"，要求山东省加快发展方式的转变，提高经济发展质量。2018 年 3 月两会期间，习近平总书记参加山东代表团审议时，又提出了"新目标、新定位、总航标、总遵循"，要求山东省在全面建成小康社会进程中走在前列，在社会主义现代化建设新征程中走在前列，全面开创新时代现代化强省建设新局面。

2018年6月习近平总书记视察山东时，又要求山东省重点做好"新、特、优"三篇文章，新是指新兴产业，优是指优质产业，特是指特色产业。

第二节　支持山东省新旧动能转换的十大产业

山东省新旧动能转换的中心任务是"发展四新、促进四化、实现四提"。"四新"就是"新技术、新产业、新业态、新模式"。"四化"，一是产业智慧化，原来的一些低端低效的产业，通过技术手段、信息技术改造更替，改造流程，改造资源配置，来提升产业、产品的水平；二是智慧产业化，把研究室里的各项研发设计，加快向现实生产力转化，实现产业化、规模化；三是跨界融合化，反映了一种趋势，行业和行业之间、行业内部之间深入实施"互联网+"行动计划，培植壮大农业"新六产"，加快制造业与互联网融合、服务业与先进制造业融合、旅游业与上下游产业融合、产城融合、军民融合，推动产业行业交叉渗透，提档升级，不断衍生新产业、新模式、新业态，拓展经济发展新空间，实现跨界融合提潜能；四是品牌高端化。"四提"是指传统产业提质效，新兴产业提规模，跨界融合提潜能，品牌高端提价值。"四新四化四提"落实到产业上，就是要打造万亿级十强产业。

一、加快发展信息技术产业

世界经济加速向以网络信息技术产业为重要内容的经济活动转变，做大做强数字经济，以信息化培育新动能，用新动能推动新发展，主要体现在两个方面：一方面是要推动大数据技术产业创新发展，推动我国网络购物、移动支付、共享经济等数字经济新业态新模式蓬勃发展，走在世界前列[①]。另一方面是要构建以数据为关键要素的数字经济，深入实施工业互联网创新发展战略，系统推进工业互联网基础设施和数据资源管理体系建设，加快形成以创新为主要引领和支撑的数字经济。

山东省信息技术产业近年来发展迅速，排全国第三，但与广东省和江苏省的差距还是很大的。山东省的短板也非常突出，山东省信息技术产业领域专利申请量不及广东的1/4和江苏的1/2，近期，国家在"互联网+"和大数据领域建设19家国家工程实验室，没有一家由山东省承建。

数字经济本质是创新经济，中国网民7.5亿人，超过美国和欧盟总和，全球创新指数列22位。比如无人驾驶汽车，装备了激光仪、雷达、摄像头等传感器，每秒可采集750MB（兆）感知数据，配合精细到寸的城市地图，对汽车位置、行驶后果做出判断，进而做出驾驶决策。新型拖拉机耕过地之后能够准确地告诉我们：地块的化学元素含量，需要施什么肥，适合种什么农作物，等等。再比如芯片，集成电路的载体，小到智能手机，大到国防军工、航天科技，无处不在，被誉为现代工业的"粮食"。我国目前特别是要下定决心突破智能传感器、芯片受制于人的局面。芯片是智能制造的"中枢神经"。我国每年消耗全球50%的芯片，90%以上依赖进口。从2013年开始，我国每年进口芯片价值超过2000亿美元，已经超过石油成为最大宗进口商品。

近年来，全国各地争相布局集成电路和新型显示项目，山东省未纳入国家集成电路产业布局，已经落后了，整个市场拱手让给了别人。山东省在今后的发展中，要支持济南、青岛建设国家大数据综合试验区，在全省布局一批集成电路、新型显示重大项目。下一步的建设中，山东省应重点发展以下方面：一是突破高性能计算、人工智能、传感器、虚拟现实、基础软件等关键核心技术，

[①] 审时度势精心谋划超前布局力争主动　实施国家大数据战略加快建设数字中国[N]. 人民日报, 2017-12-10.

强化示范应用;二是完善"互联网+"生态体系,开展数字经济发展相关试点;三是支持创建国家大数据综合试验区,鼓励建设新型智慧城市;四是完善云计算和大数据产业链,加强工业、政务、商贸、文化、旅游、健康、海洋等领域的大数据应用,做强信息安全、地理信息产业[1]。

二、加快发展高端装备制造业

山东省的高端装备制造业发展水平在全国位于前列。四方机车的动车产量占全国运营动车组的65%,济南二机床自主研发的数控全自动汽车冲压生产线达到国际先进水平,烟台的海工装备、高密的豪迈科技等都属于高端装备制造产业。2016年山东省规模以上高端装备制造业产值过1万亿元,占装备制造业总产值的28%,居全国第二位。

山东省的高端装备制造业也存在短板。航空航天和卫星应用等装备制造,山东省产值仅100亿元,居全国第18位;大型飞机C919,山东省元素也有,但多为零散配件,与成飞、西飞、上飞、沈飞等大公司相比,微乎其微。即使这几大公司,也仅仅以机身、机壳为主,发动机是美法合资,发电机、电气化系统、核心操作系统、轮胎刹车等核心部件都是美国的,飞机起降,甚至连报警防护系统都是美国的,所以中国制造任重道远。在机器人的发展上,各省都制定了自己的技术路线和发展计划,山东省是制造业大省,也是人口大省和消费大省,无论是工业机器人还是服务机器人,都有很大需求,但产业规模整体偏小,2015年产值仅80亿元,为深圳的1/8、上海的1/2,且85%以上产品处于产业链下游。

当前,包括绿色制造、增材制造再制造、仿生制造、微纳制造等先进制造技术日益成熟,为山东省发展高端制造、改造传统制造提供了技术基础。山东省在今后的发展中,要坚持智能制造为主攻方向,推动生产制造向下游延伸,

---

[1] 山东新旧动能转换综合试验区建设总体方案[EB/OL]. https://wenku.baidu.

大幅提高本地产业配套率。

要着力补齐先进制造业发展短板,下一步重点发展方向为:一是突破轨道交通、工程机械、农机装备、动力机械等领域关键技术与核心部件,打造制造业创新中心。二是加快通用飞机发展,建设国家通用航空产业综合示范区。三是壮大数控机床产业,建设国内领先的高端数控机床产业基地[①]。四是支持有条件的城市创建"中国制造 2025"国家级示范区,建设国际领先的高端装备制造基地[②]。

三、加快发展新能源新技术产业

一个新技术的催生首先是毁灭、淘汰一些传统产业,然后催生更有竞争力、生命力的产业。山东省汽车行业每年产量几百万辆,大多数是客车、货车、改装车,比较重要的高端车很少。在山东省新旧动能转换方案里面,对新能源汽车、低速电动车,都有非常明确的界定,支持青岛等有条件的市建设新能源汽车基地,加快淘汰低速电动车产能,严格治理低速电动车违规生产和违法使用,防范新能源汽车产业低水平盲目发展。低速电动车和新能源汽车是完全不同的两个概念,首先是电池,从电池的生产和报废来看,都是很大的污染源,而中国的低速电动车山东省的生产占到近一半;再有就是新能源汽车,部分国家已宣布传统能源汽车禁售年限,2016 年我国汽车保有量 2 亿辆以上,其中新能源汽车 100 万辆,仅占 0.5%。很多民族汽车品牌,已经开始布局国内市场。未来 20 年,传统能源汽车要全部换成新能源汽车,这个市场是非常广阔的。

新材料是战略性新兴产业中最为重要的一极,是"基础中的基础"。历史上每一次产业革命,都离不开新材料的发现和应用。目前可以预见的,在不远的将来,石墨烯、碳纤维、超材料、特种金属、高分子材料、半导体材料等,

---

① 发展新兴产业培育壮大新动能 [EB/OL]. http://blog.sina.com.
② 山东新旧动能转换综合试验区建设总体方案 [EB/OL]. https://wenku.baidu.com.

在能源科技、信息通信、航空航天、轨道交通等领域都具有非常广阔的应用前景。

例如，山东东岳集团自主研发的含氟燃料电池膜核心技术，产品质量、性能指标与世界顶尖水平的美国戈尔公司相当，价格却仅是其1/3，为此，奔驰专门与东岳集团签署了合作协议，将东岳膜应用于新一代燃料电池汽车，预计将形成千亿级产业；山东省碳纤维产量居全国第二位，威海拓展纤维公司先后突破了T300、T700、T800等高强、高模碳纤维制备技术，打破了国外垄断，已在航空航天、工业，特别是军工领域广泛应用。

四、加快发展智慧海洋产业

近年来，山东半岛蓝色经济区快速发展。2017年，山东省海洋生产总值1.4万亿元，占全省GDP的19.4%，占全国海洋生产总值的18%。习近平总书记在参加山东代表团审议时指出，要更加注重经略海洋，山东省有条件把海洋开发这篇大文章做深做大；希望山东省充分发挥自身优势，努力在发展海洋经济上走在前列，加快建设世界一流的海洋港口、完善的现代海洋产业体系、绿色可持续的海洋生态环境，为海洋强国建设做出山东贡献[①]。

山东省发展海洋经济将着力于以下三个方向：第一个方向，加快建设世界一流港口。山东省大致分两步走：一是把北部东营、滨州、潍坊这三个环渤海港口组建为渤海湾港；二是以青岛港为平台整合威海港，烟台、日照先不动，形成青岛港、渤海湾港、烟台港和日照港四大集团的格局，从而做到合理布局，避免低端重复建设。第二个方向，加快建设完善的现代化产业体系。第三个方向，强化对海洋生态环境的保护。

下一步山东省发展海洋产业的重点为：一是高水平建设海上粮仓、国家海洋牧场示范区，加快发展深远海、远洋和极地渔业，加快大洋海底矿产资源勘

---

① 孔涵.以海洋强省战略助推山东现代化强省建设[J].山东干部函授大学学报：理论学习，2019.（09）：29-32.

探及试开采进程；二是壮大海洋生物、海洋高端装备等产业，支持青岛、烟台等打造海洋生物医药产业集群，建设海洋经济创新发展示范城市；三是支持青岛建设海上试验场；四是推进海水淡化规模化应用，建设全国重要的海水利用基地；五是发展新一代深海远海极地技术装备及系统[①]。山东省将充分发挥其海洋资源丰富的先天优势，争取建成与海洋强国战略相适应，海洋经济发达、海洋科技领先、海洋生态优良、海洋文化先进、海洋治理高效的海洋强省。

五、加快发展医养健康产业

山东省老龄化现象非常严重。无论是老人还是孩子，对健康产业的需求都很大，但是现在我国医养健康产业的数量和质量、制度和理念的发展水平都远远不够。相对其他几个产业来说，医养健康产业的门槛比较低，只要有需求、有资金、有政策支持，这个产业就可以做得很大，并且这个产业地域概念非常强，市场前景非常大，对于改善人民生活质量的作用也非常大。

山东省建设方案指出，支持医养威海国家医疗器械技术创新中心、国家制造业（高性能医疗器械）创新中心建设，支持青岛、烟台、威海建设海洋生物医药国家创新型产业集群[②]，支持威海创建国家医疗健康产业示范城市。

六、加快发展绿色化工产业

山东省是全国化工第一大省，2016 年，山东省化工产业主营业务占全国的近 1/4；炼油产能 2.1 亿吨，居全球第三，其中地炼产能 1.3 亿吨，占全国的 70%。但是国家规定了七个高端化工产业基地，山东省一个也没有。从产品结构看，山东省化工产业 80% 以上是汽柴油、石油等初加工产品，下游高端石化

---

① 山东新旧动能转换综合试验区建设总体方案[EB/OL]. https://wenku.baidu.
② 山东省人民政府关于印发山东省新旧动能转换重大工程实施规划的通知[R]. 山东省人民政府公报,2018-02-28.

产品严重短缺，乙烯、芳烃50%以上依赖进口。

山东省化工产业动能转换的重点是，整合入园、升级补短，依托东营、烟台、潍坊、滨州等环渤海南岸地区临海近港、地广人稀、产业集中等优势，打造高端石化产业带；依托淄博齐鲁化工园区、菏泽东明石化产业基地，打造两大千亿级精细化工产业集群。

七、加快发展现代高效农业

根据习近平总书记的要求，我们要给农业插上科技的翅膀，加快发展现代高效农业。山东省原来的一些盐碱地不适合种植，通过"渤海粮仓"的建设，原来亩产400斤小麦，现在可以亩产1000斤。山东省应进一步创新农业新业态，大力推进农业"新六产"，提高农业发展效益；此外，应大力发展生态安全农业，增加绿色优质农产品供给，建设农产品质量安全示范省。

八、加快发展文化创意产业

山东省是文化大省，2016年全省实现文化产业增加值2700亿元，占GDP的比重为4%。2012年以来，文化产业对国民经济增量的贡献率平均达到了6%，已经成为经济增长的新动能。曲阜优秀传统文化传承发展示范区、运河文化带，都成为当地经济增长的新引擎。下一步，山东省要加快发展动漫游戏、创意设计、影视文化等时尚产业，同时，要适应信息化和消费升级趋势，支持创建建筑设计创新平台、时尚服装设计创新创业平台等。

九、加快发展精品旅游产业

山东省旅游资源十分丰富，4A和5A级旅游景区共209家，旅游度假区共

45家，数量均居全国首位。"好客山东"品牌经过9年培育，形成了东方圣地、仙境海岸、平安泰山等一批文化旅游精品。2016年，全省旅游总消费、游客总人数分别达到8030亿元和7.1亿人次，分别居全国第二位（广东第一）和第四位（广东、江苏、浙江居前三）。

休闲度假游已成为山东省旅游业发展新的趋势，出国游、乡村游、自驾游、短途游等新的模式互相补充，市场潜力巨大。在今后的发展中，山东省关键是要提高旅游产品和服务供给质量，加强旅游基础设施建设，深入挖掘特色旅游，大力发展旅游新业态，打造国家全域旅游示范省和国际旅游休闲度假目的地。

十、加快发展现代金融业

金融是实体经济的血脉，为实体经济服务是金融的宗旨。2016年，山东省金融业增加值为3385亿元，占GDP和服务业增加值比重分别达到5.1%和10.7%，已经成为山东省的支柱产业。但山东省金融业的规模总量不及广东、江苏的一半，境内上市企业仅171家，也不及广东、江苏的一半。

推进动能转换，必须强化金融服务实体经济的功能，推动地方金融机构改革，建立普惠金融体系，规范互联网金融，加快发展天使投资、创业投资和产业投资。下一步，山东省要深入开展新型农村合作金融试点，鼓励符合条件的国内外金融机构在试验区设立分支机构，支持青岛加快建设财富管理金融综合改革试验区，培育发展财富产品专业市场，支持济南开展金融服务实体经济改革创新、烟台开展基金管理服务专项改革创新[1]。

---

[1] 山东新旧动能转换综合试验区建设总体方案[EB/OL]. https://wenku.baidu.

第三节 以"创新、改革、开放"引领
山东省动能转换

山东省新旧动能转换的关键主要体现在：增强"三大动力"，即创新发展、重点领域改革以及高水平对内对外双向开放；强化"三大保障"，即人才智力支撑、制度环境支撑以及基础设施支撑；抓好"四个统筹"，即区域协调发展、城乡一体发展、陆海联动发展以及减排节能绿色发展；构建"四大生态"，即精简高效的政务生态、富有活力的创新创业生态、彰显魅力的自然生态以及法治诚信的社会生态。

一、以创新驱动增强动能转换动力

习近平总书记指出："创新始终是推动一个国家、一个民族向前发展的重要力量。"山东省以创新驱动增强动能转换动力要从以下两个方面着手。

第一，强化企业创新主体地位。要形成以企业为主体、市场为导向、产学研相结合的技术创新体系。辛湘言研究指出，以深圳为例，其技术创新体系已经达到了"6个90%"："90%以上的创新型企业是本土企业，90%以上的研发机构设立在企业，90%以上的研发人员集中在企业，90%以上的研发资金来源于企业，90%以上的职务发明专利出自于企业，90%以上的重大科技项目发明专利来源于龙头企业"[①]。深圳已经培育了华为、中兴、比亚迪、大疆、华大基因等一大批引领行业发展的创新型企业，并进一步瞄准基础创新最前沿、

---

① 辛湘言.以创新引领驱动高质量发展[J].新湘评论,2019(16)：22-24.

最顶端，计划引进建设10个诺贝尔奖实验室，打造集科学发现、技术发明、产业发展"三发一体"的新型研发机构。

第二，有效发挥政府促进作用。以美国硅谷为例，硅谷创新的成功除源自硅谷创新企业的成长外，还得益于政府和各类中介组织的协同支持。这也是创新的生态，需要政府加大力度去构建和培育，促进企业成为创新决策、研发投入、科研攻关和成果转化的主体[①]。此外，还有创新文化、企业家创新精神的培育等。总体来说，就是要营造鼓励和保护创新的法律环境，建设世界一流的大学及转化系统、发达的风险投资、健全的金融体系以及完善的中介服务。

二、以深化改革激发动能转换活力

深化改革的关键是使市场在资源配置中起决定性作用和更好地发挥政府作用，重点从以下三个方面着手。

第一，创新市场主体发展机制。一是加快国企改革与转型发展。山东省国企改革一直走在全国前列，济钢搬迁、肥矿改组、省交通运输集团混改都非常成功，成为全国的典范。2015年9月，山东省属国企混改第一单正式完成，形成了"国有资本＋战略投资＋骨干员工"共同持股的新格局，国有资本并未绝对控股（只占37%），符合国企由管企业向管资本转变的改革方向。山东省的国企还有很大的发展空间，从企业绩效来看，山东省管企业资产总额近2万亿元、利润209亿元，江苏省管企业资产总额1.1万亿元、利润336亿元，江苏省单位效益是山东省的3倍；从企业结构来看，山东省管企业主要集中在电力、能源、钢铁、煤炭、石化等产业，广东省管企业主要集中在航空、信息、医药、证券、房地产等产业。由此可以看出，山东省需要加快向战略性、创新性、引领性产业转移布局。二是大力促进民营经济发展。山东省的民营经济很有特色，魏桥、信发、南山等龙头企业的工艺、技术、生产线有的已经达到世界先进水平，盈

---

① 高铁生，常义.2015—2017中国生产力发展研究报告[R].2018-11-01.

利能力、吸纳就业能力都非常好。民营经济已经占据全省经济的半壁江山，但主要集中在传统行业、重资产领域，化解过剩产能、推进节能减排压力非常大。南方民营企业相对更具活力，淘宝、腾讯、摩拜等都是由民营经济催生的新产业、新业态。山东省是电解铝生产大省，既是全国清理整顿的重中之重，更是难中之难，必须正确面对、加快动能转换。

第二，创新要素资源配置机制。要加快土地、矿产以及资源性产品（例如电力、油气、电信、公共资源交易平台等要素）的改革，同时，更应该注重优化新产业新业态的要素配置。

第三，创新政府服务机制。十九大之后，将进一步以政府改革来撬动其他各领域的改革。根据国家发展改革委要求，山东省要全力建设包容创新、审慎监管、精简高效、法治规范的服务型政府，构建"亲""清"的新型政商关系。

三、以扩大开放释放动能转换潜力

山东省经济的外向程度相对较低，2016年仅为23.1%，远远落后于广东省（经济外向度为79.4%）、浙江省（经济外向度为47.8%）和江苏省（经济外向度为44.2%），甚至比全国平均水平（经济外向度为32.7%）都要低。

山东省应从以下几方面着手，深入实施对外开放，大力提高经济外向度。

（一）拓展多层次国际市场，积极融入"一带一路"

我国加快推进"一带一路"建设，是实现中华民族伟大复兴中国梦的重要步骤。山东省要积极融入"一带一路"，全方位加强与沿线国家合作，带动山东省优势装备、技术、产品、标准、服务走出去，不仅要并购他们的资源，还要并购他们的产业。

以潍柴集团为例，2017年潍柴集团收入突破2000亿元，利润总额超过100亿元，年复合增长率达到36%，成功转型为业务涵盖动力总成、汽车业务、工程机械、智能物流、豪华游艇、金融服务六大板块的国际企业集团。潍柴集团全面加强新能源领域的国际创新合作，加速建立国际一流的燃料电池汽车技术创新链和产业链，并成功完成了海外并购"三部曲"：成功收购法国博杜安公司（2009），进一步拓展了全系列发动机产业布局[①]；战略重组意大利法拉帝公司（2012），进一步拓展了集团产业链条；战略重组德国凯傲和林德液压业务（2012），掌控了全球液压控制系统的核心技术资源。潍柴集团并购的林德液压国产化表现优异，2016年泵、马达两款产品销售收入7300万元，同比增长124%。

在海外并购"三部曲"的基础上，潍柴集团进一步收购了美国德马泰克公司，成为内部物流解决方案的全球领导者；2018年，潍柴集团参股加拿大巴拉德和英国锡里斯，全力布局新能源产业，并在白俄罗斯设立马兹工业园，海外布局逐步完善。到2019年，潍柴集团已经建立了全球五大运营中心（芝加哥、马赛、弗利、法兰克福和新加坡），搭建了"五国十地"的全球研发中心，产品销往全球100多个国家和地区，初步建立起覆盖全球的国际营销和服务网络。

（二）搭建更高水平的对外开放新平台，推动国际贸易转型升级

截至2019年，国家已批准建设4批自贸区：第一批为上海，是最早、最成功的自贸区建设典范；第二批为天津、福建、广东；第三批为辽宁、浙江、河南、湖北、重庆、四川、陕西。第四批为山东、江苏、广西、河北、云南、黑龙江。山东省在建设方案中提到，要在济南、青岛、烟台三市，依托国家级园区和海关特殊监管区，划定120平方千米范围，全面实施自贸区政策。

同时，要大力推动国际贸易转型升级。山东省应立足文化、旅游、软件和信息服务的基础优势，加快发展服务外包，大力推广外贸新模式、新业态，推动贸易由"大进大出"向"优进优出"转变，形成以技术、品牌、质量、服务

[①] 刘怡,张建忠.潍柴力争"十三五"末销售收入破2000亿[N].企业家日报,2014-08-11.

为核心竞争力的新优势。

（三）创新引资、引技、引智等开放政策

深入开展招商引资活动是扩大开放的重要途径。例如，巴黎大区竞争力产业集群是法国最大的创新技术产业集群，拥有800家中小企业，在物联网、信息基础设施、高性能计算、大数据等领域具有极大的优势；浙江省建立浙江—欧洲跨境创新技术项目合作新模式，以基金为投资驱动，落地产业全方面合作，建设中法科技创新生态园；广州富士康集团在短短50天内建成新的显示器产业园区，该园区项目（科技小镇）是广州改革开放以来最大的投资项目，吸引了康宁、思科以及日本厂商等共100多家厂商投资，直接引进大约1.5万名面板产业相关高技术人员，将吸引一大批全球科技创新类领军人才和海外高端人才集聚增城。山东省应瞄准世界500强和行业领军企业、国际先进科技合作项目、海外高层次人才，实施精准招商、精准服务，提升"引进来"的质量效益。

第八章

以新旧动能转换助推开放型经济高质量发展

第一节　经济高质量发展的基本内涵

一、经济高质量发展的基本含义

经济由高速增长阶段转向高质量发展阶段，是我国经济发展进入了新时代的基本特征。高质量发展，就是能够很好满足人民日益增长的美好生活需要的发展，是体现新发展理念的发展，是创新成为第一动力、协调成为内生特点、绿色成为普遍形态、开放成为必由之路、共享成为根本目的的发展[1]。

对于处在新时代的经济而言，高质量发展是一个涉及多个层面、多个领域的综合复杂系统，涉及政治、经济、社会、文化、生态等方方面面。比如经济方面，包括经济增长动力、产业结构优化、高新技术产业发展、企业做大做强等；社会方面，包括就业、居民消费行为、需求趋势等方面。

二、经济高质量发展与产业发展的关系

实现高质量发展，产业是基础和根本支撑。习近平指出，推动经济高质量发展，要把重点放在推动产业结构转型升级上，把实体经济做实做强做优。

建设现代产业体系是实现高质量发展的关键所在。产业是经济之本，实体经济是国家发展的根基。推动高质量发展，必须大力发展实体经济，构建多元发展、多极支撑的现代产业新体系，形成优势突出、结构合理、创新驱动、区

---

[1] 白瑞芳. 鄂尔多斯培育高质量发展新动能初探[N]. 鄂尔多斯日报,2019-07-16.

域协调、城乡一体的发展新格局[①]。

要以高质量项目支撑高质量发展。加快推进高质量发展,实现产业转型升级,必须有一批具有示范带动效应的大项目、好项目来支撑。新项目的良好增势,折射出产业强市的发展新势。因此,要始终抓住抓好重大项目这个"牛鼻子",坚持"项目为王",以高质量的资源配置吸引优质项目落地,为高质量发展注入强大动能和澎湃活力。

三、制约山东省经济高质量发展的问题

(一)思想观念过于保守

推动高质量发展,必须首先解决认识问题、思想问题、观念问题。思想的阻力是最大的阻力,观念的障碍是最大的障碍。一项政策设计得再好,如果执行政策的人搞不明白、想不清楚,效果将会大打折扣。当前,仍有部分管理者的思想观念作风不能很好地适应新时代发展的需要,在思想观念、素质能力、工作作风、体制机制等方面还不能够完全适应新形势新任务要求,存在追求发展速度情结、传统模式、政策依赖、视野格局窄等现象,有的因循守旧、束手束脚,有的专业能力不足、新知识缺乏,有的慵懒散浮、推脱等靠,有的运行机制不畅,影响了高质量发展的效率和进程。主要表现在以下几个方面。

第一,仍存在"等要靠"的思想。有的地方工作主动性不够,对高质量发展紧迫性认识不足,抱着混日子的思想,以为推动高质量发展仅仅是顶层设计的事情,地方上主要听指挥、报项目、争资金即可,缺乏主观能动性,坐等"复制"他人经验,表面上忙忙碌碌,实际上不解决任何问题,不能很好地适应新的形势要求。

[①] 深刻认识和切实推动高质量发展:学习习近平同志参加内蒙古等代表团审议时关于高质量发展的重要论述 [EB/OL]. http://news.12371.cn.

第二，仍存在"新瓶装旧酒"的问题。在推动高质量发展的过程中，要注意避免回到过去的"老套路"上去。比如，各种会议上把高质量发展的口号喊得很响，但实际推进中不知如何下手开展工作；谈起高质量发展头头是道，但具体工作做得不好，还是搞"会议贯彻会议""文件落实文件"的老一套；还有的偷换高质量发展概念，给一些传统项目披上高端、新兴的"外衣"。

第三，仍存在"捡到筐里都是菜"的思维。当前经济下行压力加大，而现有企业经营面临的困难较多，短期内难有大的起色，各地都把发展眼光放到了新上项目上。但是，很多地方的招商引资依然抱着"捡到筐里都是菜"的思想，重数量轻质量，只要引进的项目符合产业政策的底线就大干快干，不考虑当地的产业结构和环境容量。这样盲目招商造成的后果是同质化竞争严重，有的甚至为追求经济增长饥不择食，以牺牲环境为代价。

第四，没有"功成不必在我"的胸怀。高质量发展是一个长期奋斗的过程，不可能一朝一夕完成。而有的管理者还没有从"我的政绩"中解放出来，为了所谓的"政绩工程"急功近利、急于求成，而在打基础、利长远的事情上很少投入精力，背离了高质量发展的本义。

（二）结构调整任务艰巨

山东省产业结构偏重，高新技术和战略性新兴产业占比规模小、占比低，转型升级压力较大。

第一，产业发展面临优势不优、短板明显的困窘。农业方面，农产品安全问题没有得到彻底解决，农产品安全压力大，影响农业长远发展。工业方面，企业总体研发经费投入少；传统优势行业大多处于产业链的中低端，提升改造难度大；高新技术、战略性新兴产业占比低，短时间内难以挑起山东省经济发展的"大梁"。服务业方面，仍以传统服务业为主，发展层次不高，部分需求日益突出的生活性服务业领域有待加强。

第二，企业整体规模偏小，大企业少，带动能力不强。不论是工业还是服务业，山东省规模以上企业户均主营业务收入与南方省份相比仍有较大差距。规模大、形成产业链或产业集群的企业集团数量少、占比低，带动能力弱。而且本地培育的企业总部出现外迁现象，对行业整体发展造成一定影响。

第三，高耗能高污染行业占比较高，转型压力大。山东省主要污染物排放量居高不下，排放强度较高，这从一个侧面说明山东省现有的产业结构发展层次低于南方省份，转型发展、节能减排的压力较大。

第四，新增投资项目减少，直接造成规模以上企业数量减少。近年来投资项目储备不足，审批个数和规模均呈下降态势，一定程度上反映了落地项目的减少、投资热情的减弱。造成的结果就是，投入运行的规模以上企业数量增长缓慢，对全省经济稳增长带来不小的压力。

（三）创新环境有待改善

目前，山东省创新环境还有待改善，主要体现在以下几个方面。

第一，创新能力不强。高新技术企业数量相对较少，创新投入相对不足，全社会研发投入占比低；创新平台少，尤其是国家级创新平台偏少，高端科技创新人才缺乏；发明专利申请量和授权量下滑，科技成果转化能力不强。

第二，营商环境有待进一步改善。相比浙江等南方先进地区，山东省在政务服务和营商环境方面差距明显。对企业和外商的服务意识不强，行政审批流程还不够简化，影响了服务效能。

第三，能耗高、排放大。环境容量达到"天花板"，山东省化学需氧量、氮氧化物等排放总量相对较高，节能减排任务艰巨。水资源缺口较大，一定程度上制约了经济发展。

以烟台、潍坊和杭州为例，烟台、潍坊两市高质量发展的各项主要指标均低于杭州市，如表8-1所示。2018年杭州市人均地区生产总值为132 615元，烟台、潍坊均低于杭州，潍坊市人均地区生产总值仅为62 592万元，尚达不到杭州市的一半。居民人均收入杭州市为49 832元，潍坊市仅为27 823元。杭州市高新技术产业产值占规模以上工业比重为50.1%，潍坊市仅为34.35%。全社会研发经费投入占GDP比重杭州市为3.2%，潍坊市和烟台市均在2.6%左右。一般公共预算支出中科技支出总额杭州市为92.32亿元（占比23.2%），烟台市仅为24.33亿元（占比4.4%），潍坊市仅为19.7亿元（占比18.6%），烟台潍坊两市科技支出额加总仍不及杭州市科技支出的数额。由此导致了两市发明专利申请量指标的低下，杭州市发明专利申请量为25 578件，烟台市仅为4375件，潍坊市仅为5593件，两市合计数额仅为杭州市的38.97%。杭州市经济创新发展的成就令人瞩目，而政府对科技支出的超强投入、城市营商环境的卓越营造，皆是值得其他城市学习借鉴的。

表8-1 城市高质量发展的主要指标对比

主要指标	杭州	烟台	潍坊
人均地区生产总值	132615元	103706元	62592元
规模以上企业万元工业主营业务收入实现利润	统计口径不一致，无	743元	586.6元
高新技术产业产值占规模以上工业比重	50.1%	无该项统计	34.35%
全社会研发经费投入占GDP比重	3.2%	2.6%	2.61%
一般公共预算支出中科技支出总额	92.32亿元	24.33亿元	19.7亿元
居民人均收入	49832元	32299元	27823元
发明专利申请量	25578件	4375件	5593件

（四）开放发展有待加强

当前，制约山东省高质量开放发展的深层次矛盾仍然存在，部分领域体制机制没有突破，开放发展的引领作用发挥不够。

第一，扩大开放的基础支撑较为薄弱。基础设施配套方面，虽然山东省出台了一些加强城市基础设施建设的举措，但对比杭州、深圳等城市，公共设施的国际化规划建设仍有差距，尤其是在举办国际性活动时，服务配套能力有所不足。扩大开放工作人才方面，缺少针对开放型经济以及国际经济合作领域的专家智库，在宏观经济、政策解读、发展趋势等领域的深度研究不够；缺少懂外语、熟悉涉外业务、有涉外招商经验的人才。政策资金保障方面，存在支持开放型经济发展政策乏力的问题。

第二，产业开放度较低。山东省发展开放型经济以传统优势产业和龙头企业为主，新兴产业开放动力不足。对外开放的优势领域主要集中在品牌农业等传统优势产业，如外商投资主要集中在食品加工、纺织服装以及机械制造等传统工业领域，对外投资主要涵盖机电、轻工、纺织、五金、化工以及食品等多个传统产业；出口产品大多处于产业链的中低端，产业附加值较低、利润率不高、盈利空间不大。

第三，招商引资工作尚需提升。一是外资数量少水平相对较低，与省外先进城市比还有不小的差距。二是招商机制活力不足，招商工作还缺乏专业化、市场化运作的力度，有效的激励机制还需进一步强化，产业招商的力度不够。三是境外机构设置进度较慢。

第四，外贸企业面临诸多压力。一是外部环境影响。以美国为首的贸易保护主义抬头，针对我国的贸易壁垒和反倾销、反补贴、保障措施等贸易救济手段越来越多，贸易摩擦将不断产生；部分外贸企业受环保督查影响，因停产、限产而导致进出额下降；部分企业受国际汇率波动、反倾销影响导致出口额下降、销售利润减少。二是成本逐年增加。一方面原材料价格上涨、物流成本上升。化工、建材、医药、新材料等行业普遍反映原材料和包装材料价格上涨较大，个别产品涨幅超过50%。另一方面，制度成本近年出现上升的势头。三是"招工难""用工荒"问题突出，山东省人才外流现象较为突出，严重影响了企业正常的生产经营活动。

第二节 新旧动能转换下开放发展政策建议

在新旧动能转化的时代背景和要求下,山东省应树立新发展理念,以更加开放的心态、更加包容的胸怀、更加宽阔的视野,努力营造开放的营商环境和体制机制,开创新一轮高水平全面开放新格局,推动全省高质量开放发展。应认真贯彻落实党的十八大、十九大精神,牢固树立创新、协调、绿色、开放、共享发展理念,走产出高效、产品安全、资源节约、环境友好的现代化道路。

一、夯实"六六三"开放战略统领地位,优化开放布局

2016年8月潍坊市召开的全市开放发展大会确立了"六六三"开放战略,实践证明"六六三"开放战略完全符合党的十九大精神,完全符合中央、省关于扩大开放的要求,完全符合潍坊开放发展实际。2016年以来,山东省组织召开各市开放发展大会,结合学习贯彻习近平新时代中国特色社会主义思想、党的十九大精神和习近平总书记视察山东讲话精神,统一全省思想,促进思想再解放,改革再深入,工作再抓实。

站在推进"四个城市"建设的高度,山东省应以"六六三"开放战略为统领,进一步扩大农业食品、制造业、服务业、城镇化、科技、文化等重点领域开放,突出外贸、外资、外经、外包、外智、外标等外向型重点工作,深度融入"一带一路"建设,积极对接"自贸区"等国家战略,广泛开展对接重点国家和地区合作发展,不断优化开放发展布局,进一步创新思路,强化措施,加大力度,推动开放发展再上新水平。

二、健全体制机制，加快构建统筹推进大开放大发展工作格局

一方面，要进一步健全开放发展工作组织推进体系，建立健全市县两级开放发展推进机构，配齐编制人员，增强工作力量。另一方面，要加强城市发展考核评价力度。应进一步提高开放型经济指标在全省科学发展综合考核中的权重，将外商投资项目纳入全省科学发展现场观摩点评，对省级开发区每年单独设立考核指标体系。应通过奖优罚劣激发各级各部门推动开放发展的动力，加快形成统筹推进大开放大发展的格局。

三、坚持问题导向，着力夯实开放发展支撑体系

山东省应加强开放发展人才体系建设，制订完善落实开放型经济人才引进、培养、使用计划，通过遴选聘任、挂职交流、干部轮训、境内外培训等方式推动开放型干部队伍建设。应尽快确定、实施《引进培育外语实用人才千人计划》，建立和完善外语实用人才引进和培育机制，为国际化建设提供人才支撑。应继续加强与国内外知名院所、研究机构的沟通合作，汇集专家智力资源，共建一流智库平台，打造省委科学决策的"思想库""智囊团"，为山东省开放发展把脉问计、建言献策。

应进一步加强政策资金保障，全面落实中央、省及有关部门推进开放发展的有关意见，结合实际尽快出台本省更加有利于开放发展的政策措施。全面统筹外经贸政策资金、现代产业基金和PPP基金，大力支持开放发展重大项目、重要活动、重点平台建设。

四、提升服务效能，持续不断优化营商环境

山东省应深化"放管服"改革，深入推进外商投资审批管理体制改革，全面实行外商投资准入前国民待遇加负面清单管理制度、企业设立及变更备案报告制度、企业年度投资经营信息联合报告制度和诚信档案、信息公示平台建设，建立健全与国际规则相适应的外商投资管理服务新体制、新机制。

应加快推进电子口岸建设，实行国际贸易"单一窗口"受理，强化多部门信息互换、监管互认、执法互助，压缩货物通关时间。深入实施通关一体化改革，全面推行"一次申报、一次查验、一次放行"一站式作业。全面落实出口退（免）税企业分类管理，引导出口企业向一类企业靠拢，进一步加快出口退税进度。合理规范报关、报检、原产地签证、货代、船代、港口服务等环节收费，凡属政府应提供的一般公共服务，应通过同级财政安排。同时，全面推进原产地签证服务"县县通"工程。

五、以体制创新为突破口，推动各类开发区再创发展新优势

主要做好以下几方面的工作。

第一，创新行政管理体制。通过依法授权或委托方式赋予经济开发区行使同级政府相应的行政管理职能和经济管理权限，将市下放的行政许可事项按规定落实到各类开发区。

第二，创新用人机制。借鉴济南、日照等地做法，探索灵活的用人机制和分配机制，在条件成熟的开发区，推行聘任制、绩效考核用人制度改革。

第三，推行市场化开发运营机制。探索同境内外社会资本合作，共办各具特色的"区中园"，形成多层次、多渠道、多方式的投融资体系，弥补运营方式不活、开发资金不足的问题。

第四，加快监管体制改革。大力推广寿光市省级开发区体制机制创新试点成果，整合区内相关执法职能机构，探索设立统一的综合执法机构，集中行使行政执法权，构建以企业信息公示制度为核心的新型监管模式。

六、加大招商引资力度，增强开放发展动力

山东省应将招商引资、提升利用外资水平作为提升城市开放活力的核心支撑，努力优化招引环境，创新招引机制，打造城市虹吸效应。围绕全产业链、城市功能链、创新链，创新招商引资机制，通过聘请行业领军人物担任"招商大使"、推行"企业+平台+专业化公司"招商模式、打造专业队伍等措施，建立以政府为主体、各种社会力量广泛参与、"风险共担、利益共享"的招商机制，放大增强招引实效。

可研究设立招商专项"资金池"，用于重点招商活动组织、招商激励政策兑现、"一事一议"政策等资金保障，对招引工作突出的单位和个人，大张旗鼓给予"劳模""功奖"等行政奖励。建立健全各领域专业招商队伍，制订专业招商方案、计划，强化调度通报，抓好组织实施，确保招商引资有重大突破。

七、深化对外经贸平台建设，打造国际合作新优势

山东省应建立系统完善、功能完备、辐射力强、发挥作用明显的商协会、产业联盟交流平台，加强战略合作。在全球布局建立一批战略支点城市，依托省政府驻外经贸代表处，在中国香港、日本、韩国、新加坡、美国、德国等国家和地区设立商务代表处，派遣常驻人员，搭建开展经贸合作的海外工作基地和平台。

可规划新建一批国际合作示范基地和产业园区，争取与欧美、日韩等国家和中国港台地区的高端合作取得新突破，与新兴经济体投资贸易合作比重取得

大幅提升。应进一步联合世界中小企业协会、联合国工业发展组织、中欧企业家峰会、中国中小企业协会等组织,与山东省人民政府共同发起设立"一带一路活力城市联盟",打造对外交流合作平台。

八、突出人才强市,打造招才引智新高地

主要做好以下几方面的工作。

第一,加大海外高端人才引育。深入实施重点人才工程,进一步放宽对用人单位的限制性条件,让更多的企业能够享受政策红利,在更广的范围内选拔人才。突出人才实绩,强化对人选水平及项目先进性、可行性和预期效益等的评估论证。

第二,推动招才引智质量齐升。严格落实省内所有因公出国团组安排招才引智任务制度,推动县市区、市属开发区党政"一把手"和组织部长带队出国引才。国内引才方面,以北京、上海等中心城市为重点,巡回举办"山东省科技人才周",叫响"人才山东"品牌。组织举办山东省海内外英才创业周、山东籍博士家乡行等人才项目对接活动,精准化联系对接院士、"千人计划"专家、博士等高层次人才来鲁考察洽谈。

第三,推进人才服务专业化。制定高层次人才服务体系建设的实施意见,全面建立人才服务绿色通道和人才服务专员制度,再造人才服务绿色通道流程,打造"一站式"人才服务体系。规划建设高端人才社区,解决海外高层次创新创业人才住房问题。推进建设国际学校、国际幼儿园,切实解决海外人才子女入学入托问题。加强与国外医疗机构的联合办医,选择市属医疗机构建立国际医疗合作中心、国际远程会诊中心和符合国际医疗规范的专家门诊等。

九、精准服务企业，积极为外贸企业排忧解难

主要做好以下几方面的工作。

第一，加强市场管理调控。针对原材料价格暴涨，政府应加强市场价格调控，严厉打击扰乱市场、恶意涨价行为。

第二，支持开拓国际市场。抢抓当前国际市场需求复苏有利时机，加大对国际市场开拓支持力度，支持企业参加专业性展览会，加大对参展展位费、展品运输费、参展人员费补助力度。

第三，鼓励高新机电产品出口。政府应加大对高新机电产品出口企业扶持力度，在进口关键零部件贴息、建设境外加工装配基地、完善售后服务体系、承揽境外大项目等方面给予支持。

第四，助力企业转型升级。政府应出台专项扶持政策，鼓励劳动密集型企业进行自动化、智慧化升级，缓解"用工荒"难题。

十、大力推动产业结构转型升级

主要做好以下几方面的工作。

第一，坚决"去"旧产能。严格执行能耗、环保、质量、安全、技术等法律法规和产业政策，对达不到强制标准要求的产能，要依法有序关停退出。因此，需要对全省产业发展和企业现状进行全面梳理，划分等级，对于位于产业链末端、技术工艺落后、经济附加值低，甚至是环保审查不过关的淘汰落后产能，要坚决"去"，从而为新兴产业的引进和壮大腾出发展空间。

第二，全力"补"新产能。有效投资是经济发展的重要引擎，没有投资，经济增长就缺少增量来源。在当前传统产业乏力，新经济日益成为经济转型、提质增效重要支撑的关键时刻，抢先引进和培育新经济、新产业和新商业模式，

意味着抢占经济发展的先机。因此,山东省应当紧紧抓住这个有利时机,大力引进高新科技项目,做好高端产品、高端技术的加法和乘法,扩大有效投资,以增量优化带动存量提升。

第三,主动"变"产能。从山东省的产业发展看,机械装备、汽车制造、石化盐化、纺织服装、食品加工、造纸包装等传统产业,既是优势产业,也是产业转型的重点和关键。对这些行业的扶持发展,并不意味着仅仅从资金、政策上予以扶持,维持其表面上的平稳发展,而是应当大刀阔斧地进行改革,从深层次推动产业的转型升级,在传统产业的升级中培育出新产品、新模式、新业态,让老树发新芽,才能使传统产业立于不败之地。

第三节 山东省高质量开放发展的路径建议

一、推进山东省高质量开放发展的基本路径

实现山东省高质量开放发展主要有以下路径:一是通过提高效率和集约化程度,实现高质量发展;二是通过经济结构优化,实现高质量发展;三是通过增长动力转换,实现高质量发展。

加快推进山东省高质量开放发展需要把握好以下三个方面。

第一,把握发展"速度"。高质量发展追求的目标不再仅仅是速度,而是要在稳定经济增长的前提下,坚持质量第一、效益优先,更多地在建设现代化经济体系上下功夫。

第二,把握发展"进度"。推进高质量发展,要突出关键环节,确定好哪些是应该干的、亟须干的、能干成的工作,统筹安排优先顺序,列出重大任务清单,

扎实推进。

第三，把握"适度"发展。要注重适度超前，不滞后于实践的发展，也不能跨越发展阶段，坚持可持续、不冒进、不急于求成的发展。

二、山东省经济高质量开放发展的对策建议

（一）进一步促进全省思想解放与观念转变

要在高质量开放发展上有所突破，必须进一步解放思想，破除路径依赖和惯性思维，在发展思路、措施上少一些条条框框，多一些创新思维，决不能因循守旧、故步自封，更不能"新瓶装旧酒、穿新鞋走老路"。

第一，强化机遇意识。改革开放以来，在其他省市快速转型发展过程中，山东省思想解放力度不够大，抢抓机遇意识不够强，在很大程度上影响了经济发展。目前，山东省正在举全省之力加快建设新旧动能转换综合实验区，这也是山东省实现创新持续领先发展的重大机遇，应结合本省实际，充分利用重大发展政策，实现新一轮的转型发展。

第二，强化市场意识。必须牢固树立市场化理念，正确处理好政府与市场的关系，充分发挥市场在资源配置中的决定性作用[①]，更好地发挥政府作用，使"看得见的手"和"看不见的手"各司其职、各尽其能，避免政府包揽一切、财政负担一切的做法，真正让市场成为推动经济发展的第一动力，实现经济发展的根本性转变。

第三，强化创新意识。应结合山东省实际，加大改革创新力度，坚定不移地更新理念、创新机制，创造性地推动各项工作落实，解决在创新上"不敢、不想、不会"的问题。以时不我待、只争朝夕的改革锐气，打破体制机制和思维惯性，以改革创新的全新心态抢抓发展机遇。

---

① 黄茜.社会主义与市场经济的兼容性问题研究[D].杭州：浙江大学,2019.

（二）进一步优化政策导向设计与指标体系建设

主要体现在以下几个方面。

第一，聚焦产业结构优化。高质量开放发展的进程中，产业结构调整是一座必须翻越的大山。应根据全省产业布局，综合考虑各地产业基础和优势，立足全省统筹规划、系统布局，形成山东省特色产业发展格局，坚决避免同质竞争和重复建设。应进一步聚焦优势产业，突出重点产业集群，集中力量实施重点突破，避免多点开花。

第二，聚焦人才引进。人才的聚集地往往就是财富的中心。目前，全国新一轮人才争夺战已经打响，我们应当牢牢树立以人才为中心的理念，加大科技和管理人才的引进和培育力度，迅速将山东省的人才净流出局面扭转为人才净流入，打造人才聚集高地。应注重壮大企业家队伍，营造企业家公平、创新发展的良好氛围，培育出更多的独角兽企业和瞪羚企业，发挥他们在高质量发展中的龙头引领作用。

第三，聚焦考核激励。在高质量开放发展过程中，应充分调动党员干部的积极性，解决好干部的后顾之忧，完善干部激励奖励办法，对落实决策坚决、完成任务迅速、高质量发展效果明显的党员干部进行激励。一方面，拿出"真金白银"奖励先进，对做出突出贡献的单位和个人给予物质奖励，赋予奖金分配自主权，并建立年度考核奖励正常增长机制。另一方面，注重选拔重用和关心呵护，对工作成绩突出以及长期在艰苦地区埋头苦干的干部个人，优先提拔重用，同时完善容错纠错机制，出台操作性强的具体容错办法。

（三）牢固树立可持续发展理念，推进现代化强省建设

第一，坚持保护生态和可持续发展。加大自然生态系统和环境保护力度，大力推进绿色发展、循环发展、低碳发展，积极探索集约化发展模式。正确处理好产业发展与资源开发、生态保护的关系，实现生产发展与生态保护相协调，

经济、社会、生态效益相统一。

第二，坚持转变发展方式和优化产业结构。围绕"减量化、再循环、再利用"，大力推广应用清洁生产和节能减排技术，推进农牧结合和三产融合，加快建立绿色化产业体系，推进工业、生活废弃物多级循环利用和无害化处理，减少资源消耗，提高资源利用水平。

第三，坚持深化改革和创新驱动。深化体制机制改革，加强理念创新、技术创新和制度创新，在三产融合发展、资源高效利用、生产清洁安全、环境持续优化等方面探索新模式，推广新技术，取得新成效。

第四，坚持政府引导和社会参与。发挥政府在规划引领、资金投入和组织协调等方面的引导作用，充分运用市场手段，调动全社会的积极性，着力构建有利于协调推进、统筹发展的体制机制[1]。

（四）进一步打破体制机制束缚，激发经济发展主体活力

山东省应全面深化改革，抓好供给侧结构性改革，扩大对外对内开放。

第一，进一步优化发展环境。环境是生产力，也是竞争力，我们应在优化"硬环境"的同时，继续深化"放管服"改革，大力优化"软环境"。一方面，要在思想上破除条条框框的限制，创造性地抓好政策落实，用活、用好上级优惠政策，形成政策"洼地"，做到"人无我有、人有我优"，持续放大政策效应。另一方面，要优化创新发展环境，通过机制创新、政策集成，切实破除阻碍创新发展的"堵点""痛点"，增强创新的系统性，营造人人想创新、人人敢创新、人人能创新的氛围。同时，要持续优化政务环境，通过制度创新把该放的权力放下去、放彻底，把该管的事情管住、管好，提高服务企业、服务群众的效能[2]。要狠抓干部作风建设，推进政务服务延伸，引导干部职工深入基层一线问需求、找差距，优化政府服务模式。

---

[1] 周志霞.潍坊市农业文明建设与城乡统筹发展研究[M].北京：企业管理出版社，2019.
[2] 郭勇，高杨.真优惠带来真红利　新服务助力新发展[J].中国税务，2018.（03）：24-25.

第二，进一步理清权责界定。应正确处理政府与市场的关系，划清政府与市场、各级政府之间，以及财政与其他部门之间的权责边界，发挥好市场的决定性作用和各级政府的积极性，更加合理配置有限的财政资源。在扶持方式上，更多运用政府基金、PPP、股权投资等方式，减少事前无偿补助，注重围绕市场主体转，真正把市场主体需求作为财政扶持方向。

第三，进一步创新机制体制。要合理划分财政事权和支出责任，从解决好群众最关心、最直接、最现实的利益问题入手，结合上级改革部署，尽快合理划分财政事权和支出责任，确保基本民生政策落实到位。同时，深入推进财政专项资金整合，以资金整合带动政策优化集成，有效解决专项资金管理中各自为战的问题，整合后的资金要集中用于高质量发展的重点领域，将资金的自主权更多地交给下级政府，推动管理部门由微观管理向宏观指导转变。

参考文献

[1] 刘莉,王成.科技型中小企业成长环境及其成长性的实证研究:以深圳企业为例[J].科技管理研究,2009,5(318):322.

[2] 汤继强."梯形融资模式"让中小企业借梯上楼[J].当代金融家,2009(12).

[3] 张强,洪科.加强对高科技企业的金融支持[N].光明日报,2009-01-14.

[4] 陈玉荣.完善科技型中小企业融资体系研究[J].理论探讨,2009(4):99-102.

[5] 程仲鸣,夏银桂.基于生命周期的科技型中小企业融资问题探讨[J].商业研究,2008(4):45-48.

[6] 李明武,张云飞.外向型经济发展影响因素分析:基于我国东、中、西部地区的比较[J].河南商业高等专科学校学报,2010(3):11-17.

[7] 肖林林."丝绸之路经济带"建设中新疆开放型经济发展战略研究[D].南京:南京大学,2016.

[8] 赵世杰.洛阳市开放型经济发展研究[D].洛阳:河南科技大学,2013.

[9] 蔡爱军.江苏沿海地区开放型经济发展模式构建[J].现代物业·现代经济,2013(10):47-50.

[10] 齐洪庆.我国地区开放型经济发展水平动态变化趋势研究[J].江西财经大学学报,2015(4):3-12.

[11] 姚立.联合国发布《世界水资源开发报告》[N].光明日报,2009-03-15.

[12] ENGELMAN R, LEROY P. Sustaining Water: Population and the Future of Renewable Water Supplies[J].Population Action International, 1993, 23（4）: 296.

[13] 赵明华. 水资源约束下山东半岛经济与环境协调状态定量评价研究[J]. 中国人口·资源与环境, 2006, 16（3）: 119-123.

[14] 盛来运. 中国统计年鉴[M]. 北京：中国统计出版社, 2010—2012.

[15] 杜剑. 山东省三大流域水资源紧缺程度研究[D]. 济南：山东师范大学, 2010.

[16] 李晓超. 山东统计年鉴[M]. 北京：中国统计出版社, 2012.

[17] 李晓超. 中国统计年鉴[M]. 北京：中国统计出版社, 2010—2012.

[18] 刘同花. 山东省水资源可持续发展浅析[J]. 科技经济市场, 2010（5）: 89-90.

[19] 郝真. 山东省水资源优化配置研究[D]. 济南：山东师范大学, 2011.

[20] 孙建国. 山东省造纸行业污染现状及对策研究[D]. 济南：山东大学, 2011.

[21] 杨樱, 马冯. 我国省域经济发展的环境成本效率评估及比较[J]. 生态经济, 2010（3）: 43-46+55.

[22] 牛芳兵. 山东省区域经济差异分析与协调发展研究[J]. 湖北农业科学, 2013, 52（24）: 6207-6212.

[23] 陈付宏. 加快苏北沿海地区开放型经济发展的战略思考[J]. 生产力研究, 2009（3）: 92-94.

[24] 钟山. 开放型经济研究分析[M]. 北京：中国对外经济贸易出版社, 2003.

[25] 李明武. 外向型经济与开放型经济[J]. 生产力研究, 2011（1）: 30-32.

[26] 宗勇. 重庆内陆开放型经济发展模式研究[D]. 重庆：西南大学, 2010.

[27] 河源市人民政府. 设立河源综合保税区可行性研究报告[R]. 2017.

[28] 陈德敏, 谭志雄. 区域合作与重庆内陆开放型经济发展的路径选择[J]. 中国科技论坛, 2009（9）: 78-91.

[29] 郭显光. 开放型经济的比较 [J]. 数量经济技术经济研究, 2003（5）: 23-26.

[30] 戴铭. 常州市开放型经济发展战略研究 [D]. 南京：南京理工大学, 2007.

[31] 兰宜生. 对外开放度与地区经济增长实证分析 [J]. 统计研究, 2002（2）: 19-22.

[32] 郭研, 张立光. 我国经济开放度的度量及其与我国经济增长的实证分析 [J]. 统计研究, 2004（4）: 26-30.

[33] 张幼文. 中国开放型经济发展的新阶段 [J]. 毛泽东邓小平理论研究, 2007（2）: 1-9.

[34] 谭力文. 改革开放以来中国管理学发展的回顾与思考 [J]. 武汉大学学报, 2013（1）: 79-86.

[35] 吕志奎. 改革开放以来中国政府转型之路：一个综合框架 [J]. 中国人民大学学报, 2013（3）: 108-117.

[36] 陈振明. 政府工具研究与政府管理方式改进：论作为公共管理学新分支的政府工具研究的兴起、主题和意义 [J]. 中国行政管理, 2004（6）: 43-48.

[37] 章潇萌, 杨宇菲. 对外开放与我国产业结构转型的新路径 [J]. 管理世界, 2013（3）: 25-34.

[38] 魏静, 孙慧. 新疆十五个地州市对外开放水平比较分析：基于主成分方法和系统聚类方法分析 [J]. 中国管理科学, 2014（22）:649-653.

[39] 卢少辉, 蔡国栋. 外向型经济 [M]. 北京：中国计划出版社, 2000.

[40] 刘志彪, 张杰, 等. 全球价值链视角下中国东北地区外向经济发展 [M]. 北京：中国财政经济出版社, 2009.

[41] 易小光, 丁瑶. 重庆推进内陆开放型经济发展途径探析 [J]. 重庆经济, 2008（4）: 16-20.

[42] 李贯岐. 开放型经济的含义及其与相邻概念的关系 [J]. 理论学刊, 1995（6）: 46-48.

［43］王玉华，赵平. 中国开放型经济发展模式探析［J］. 商业研究，2012（6）：50-56.

［44］莫世祥. 深圳外向型经济的转型和再转型［J］. 深圳大学学报：人文社会科学版，2005，22（5）：5-10.

［45］闫旺贤. 珠江三角洲经济发展模式与策略分析［M］. 广州：广东旅游出版社，1993.

［46］王玉敏. 中部地区经济增长与FDI关系分析［J］. 商业时代，2006（8）：85-86.

［47］马为民. 淮安市开放型经济进一步发展的对策研究［D］. 南京：南京农业大学，2006.

［48］谭英平. 中国、美国及欧盟对外贸易影响因素分析［J］. 中国物价，2015（11）：59-63.

［49］何曼青. 我国区域投资环境评估及监测指标体系与模型的构建［J］. 中国外资，2004（1）：19-23.

［50］陈友放. 从"苏南模式"到"新苏南模式"［J］. 产业与科技论坛，2006（6）：22-23.

［51］丁红都. 深入贯彻省第十二次党代会精神奋力推动河源在粤东西北率先振兴：在中共河源市委七届三次全会上的讲话［R］. 2017：17-18.

［52］李远. 政策导向与开放型经济发展［M］. 北京：中国经济出版社，2006.

［53］ARROW K J.The Economic Implication of Learning by Doing Research[J]. Revenue of Economy Studies，1962，1（29）：155-173.

［54］NATH H K. Trade，Foreign Direct Investment and Growth：Evidence from Transition Economies[R]. 2004.

［55］BEDROSSIAN，ARAKEL，DEMETRIOS MOSCCHOS.Industrial Structure，Concentration and the Speed of Price Adjustment[J].Journal of Industrial Economics，1988.

［56］DANEMARK. Openness and Economic Growth：The Case of France Since

1850[J].Spring Meeting of Young Economists，2001（3）：111-113.

[57] 梁贤东.河源市新丰江水库集雨区域可持续发展环境保护规划[D].成都：西南交通大学,2014.

[58] NOGUES JULIO J，ANDRZEJ OLECHOWSKI,L ALAN WINTERS．The Extent of Non-tariff Barriers to Industrial Countries' Imports[J]．World Bank Economic Review，1986（1）：181-199．

[59] PRYOR，FREDERIC L．Trade Barriers of Capitalist and Communist Nations Against Foodstuffs Exported by Tropical Underdeveloped Nations[J]．Review of Economics and Statistics，1966（48）：406．

[60] SAMPSON，GARY P，ALEXANDER YEATS．An Evaluation of the Common Agricultural Policy as a Barrier Facing Agricultural Exports to the European Economic Community[J].American Journal of Agricultural Economics，1977（59）：99-l06．

[61] SINHA T，DIPENDRA S．The Relation Between Openness and Economic Growth：Postwar Evidence From 124 Countries[J]．Journal of Economies，1999，12（1）：67-83．

[62] H Y LEE，L A RICCI，R RIGOBON．Once Again，is Openness Good for Growth[J]．Journal of Development Economies，2004，75（2）：451-472．

[63] LEAMER EDWARD E．Measures of Openness[J].Trade Policy and Empirical Analysis，1988：145-204．

[64] WOLF，HOLGER.Trade orientation measurement and consequences[J]．Economy，1993，20（2）：52-72．

[65] DAVID DOLLAR．Outward-oriented Developing Economies Really Do Grow More Rapidly：Evidence from 95s[J]．Economic Development and Cultural Change，1992：523-544．

[66] FLEISHER B M，CHEN J．The Coast-Noncoast Income Gap，Productivity,and

Regional Economic Policy in China[J]. Journal of Comparative Economics, 1997（25）: 36-45.

[67] RODRIGUEZF, RODRIKD. Trade Policy and Economic Growth: A Skeptics Guide to Cross-national Evidence[R]. NBER Working Paper Series, 1998: 19-38.

[68] FRANKEL J A, ROMER D H. Does Trade Causes Growth [J]. American Econ. Qmic Review, 1999, 84（3）: 379-399.

[69] CRUBER JOSEPH, STEVEN KAMIN. Explaining the Global Pattern of Current Account Imbalances[R]. International Finance Discussion Paper No. 846, Board of Governors of the Federal Reserve System, 2005: 159-258.

[70] STEVEN N,DURLAUF.The New Palgrave Dictionary of Economics[M].NewYork: Palgrave Macmillan,2008.

[71] 李嘉图. 政治经济学及赋税原理[M]. 北京：光明日报出版社，2009.

[72] 格林沃尔德. 现代经济词典[M].《现代经济辞典》翻译组，译. 北京：商务印书馆，1981.

[73] 皮尔斯. 现代经济学辞典[M]. 宋承先，寿进文，译. 上海：上海译文出版社，1988.

[74] 萨缪尔森. 经济学[M]. 萧琛，译.16版. 北京：机械工业出版社，2001.

[75] 萨克斯. 全球视角的宏观经济学[M]. 费方域，译. 上海：上海人民出版社，2004.

[76] 周小川. 走向开放型经济[J]. 经济社会体制比较，1992（05）: 4-11.

[77] 斯密. 国民财富的性质和原因的研究[M]. 郭大力，王亚南，译. 北京：商务印书馆，1972.

[78] 马伯钧. 论"开放经济"的由来和发展[J]. 湖南师范大学社会科学学报，1997（3）: 66-68+73.

[79] 陈飞翔. 对外开放中的经济利益关系变动与协调[J]. 财贸经济，1999

（04）：15.

[80] 关白. 适应"入世"的新变化实施"走出去"的开放战略[J]. 理论与现代化，2000（09）：13–15.

[81] 张幼文. 跨越时空：入世后改革开放的新阶段[M]. 上海：上海社会科学院出版社，2001.

[82] 曾志兰. 中国对外开放思路创新的历程：从外向型经济到开放型经济[J]. 汉江论坛，2003（11）：17–20.

[83] 薛荣久. 我国"开放型经济体系"探究[J]. 国际贸易，2007（12）：10–14.

[84] 刘新智，刘志彬. 开放型经济的运行机理及其发展路径研究：以吉林省为例[J]. 西南农业大学学报，2008（06）：27–30.

[85] 蔡爱军，朱传耿，仇方道. 我国开放型经济研究进展及展望[J]. 地域研究与开发，2011（02）：7–11.

[86] 黎峰. 论我国开放型经济的新阶段和新模式[J]. 开放导报，2012（10）：25–29.

[87] 马桂婵. 构建我国开放型经济体系[J]. 合作经济与科技，2012（12）：22–24.

[88] 李羽中. 我国对外开放程度的度量与比较[J]. 经济研究，1998（01）：26–29.

[89] 施晓苏. 中国外贸依存度分析[J]. 当代财经，2001（11）：19–21.

[90] 刘朝明，韦海鸣. 对外开放的度量方法与模型分析[J]. 财经科学 2001（02）：34–36.

[91] 包群. 贸易开放度与经济增长：理论及中国的经验研究[J]. 世界经济，2003（02）：10–18.

[92] 李建军. 加入WTO后中国经济开放度变化分析[J]. 国际商务研究，2003（01）：6–10.

［93］周敬文.建立外向型经济统计指标体系初探［J］.财经研究，1990（02）：41-43.

［94］刘晓玲.开放型经济发展质量与效益评价指标体系的构建［J］.对外经贸，2013（09）：30-32.

［95］王晓亮，王英.区域开放型经济发展水平评价指标体系构建［J］.地域研究与开发，2013（03）：27-31.

［96］刘耀彬、戴璐、庄小文.开放经济下贸易、环境与城市化协调评价与情景模拟：以长三角（16 城市）为例［J］.华东经济管理，2013（05）：28-33.

［97］郑吉昌.经济全球化背景下中国开放型经济的发展［J］.技术经济与管理研究，2003（5）：9-11.

［98］张幼文.实现对外开放的可持续发展［N］.文汇报，2007-03-05.

［99］张二震，方勇.经济全球化与中国对外开放的基本经验［J］.南京大学学报，2008（4）：5-14.

［100］裴长洪.建立和发展开放型经济的演进轨迹及特征评估［J］.改革，2008（9）：15-24.

［101］李欣广.试论开放型经济中的产业结构升级［J］.国际贸易探索，1995（4）：11-15.

［102］黄谷.开放经济的宏观分析：理论与进展［J］.世界经济文汇，1991（1）：1-11.

［103］杨圣明.中国对外经贸理论前沿［M］.北京：社会科学文献出版社，2000.

［104］郝静.河南省中小外贸企业发展跨境电商模式探究［J］.现代营销：下旬版，2016（5）:174-175.

［105］海宁电商.海宁 2017 年电商销售额近 600 亿元首次超过萧山位列全省第四［EB/OL］.(2018-01-22).http://www.sohu.com/a/218136040_100014960.

［106］海宁市发改局，市发改委.海宁市力推跨境电商促外贸转型新发展［EB/OL］.

（2016-10-17）. http://www.jiaxing.gov.cn/sfgw/gzdt_5242/qtywxx_5246/201610/t20161025_642330.html.

［107］陈子曦. 各省市区开放型经济水平比较研究[J]. 地域研究与开发，2010，29（5）：5-10.

［108］吴云云. 安徽省中小企业跨境电商模式研究[D]. 合肥：安徽大学，2016.

［109］雷权勇. 江苏省中小企业跨境电商发展研究[J]. 科技广场，2016（10）:144-147.

［110］张露丹. 中小企业发展跨境电商研究[J]. 中国集体经济，2016（36）：65-66.

［111］钟成林. 科技型中小企业融资困境及金融支持政策研究[J]. 南京审计大学学报，2016,13（3）:96-104.

［112］刘飞，常莎. 促进科技型中小企业金融服务发展的财政政策体系[J]. 经济研究参考，2015（7）:33-41.

［113］朱鸿鸣，赵昌文，姚露，等. 中美科技银行比较研究：兼论如何发展我国的科技银行[J]. 科技进步与对策，2012,29（10）:84-90.

［114］马秋君. 我国科技型中小企业融资困境及解决对策探析[J]. 科学管理研究，2013,31（2）:113-116.

［115］许晖，纪春礼，李季，等. 基于组织免疫视角的科技型中小企业风险应对机理研究[J]. 管理世界，2011（2）:142-154.

［116］肇启伟，付剑峰，刘洪江. 科技金融中的关键问题：中国科技金融2014年会综述[J]. 管理世界，2015（3）:164-167.

［117］周科. 欧盟中小企业COSME计划的金融视角解读[J]. 金融教育研究，2018,31（3）:64-72.

［118］刘志彪. 建设现代化经济体系：基本框架、关键问题与理论创新[J]. 南京大学学报：哲学·人文科学·社会科学，2018，53（3）：5-12.

［119］靳向宇，张滨，王超. 以新发展理念为指引,建设珠海现代化经济体系[J].

珠江论丛，2018（02）：37-45.

［120］徐朝晖，赵伟.中国区域经济国际开放指数探讨[J].统计与决策，2005（17）：21-23.

［121］匡小平.财政学[M].北京：清华大学出版社,2007.

［122］黄爱玲.国外运用税收促进高新技术产业发展对我国的启示[J].当代经济研究,2000（12）:65-67.

［123］李宏伟.50年来美国科技投入变化规律分析[J].全球科技经济瞭望,2005（1）：11-20.

［124］韩凤芹.国外促进高新技术产业发展的税收政策研究[J].经济参考研究,2005（53）:31-39.

［125］王淑贤.中小企业金融、财税扶持政策的国际比较[J].经济师,2005（2）:227-228.

［126］侯先荣，吴奕湖.企业技术创新管理理论与实践[M].北京：电子工业出版社,2012.

［127］袁海尧.财政政策对于企业的技术创新的导向作用[J].中国投资，2008（7）:130-132.

［128］改革开放激发园区内生力：中国园区体制改革创新系列报道[EB/OL].http://www.zqcn.com.

［129］孙希明.踏上创新发展新征程[N].潍坊日报，2018-01-24.

［130］马林峰.高新区"动真碰硬"优化营商环境[N].潍坊日报，2019-03-14.

［131］袁彦奎，王卫东，宋玉龙.滨海一流营商环境助力民营企业发展[N].潍坊日报，2018-11-18.

［132］李平.中美贸易局势趋紧　台州外贸企业该如何应对？[N].台州日报，2018-04-08.

［133］付连英.潍坊滨海经开区利用外资量质齐升[N].国际商报，2018-04-

27.

[134] 于卿. 发挥职能作用　积极主动作为[N]. 潍坊日报, 2019-01-22.

[135] 于卿, 李兆鑫. 勇于担当　创新发展　助力全市新旧动能转换[N]. 潍坊日报, 2018-07-26.

[136] 刘秀身. 聚焦产业发展新机遇　服务当地产业创新水平提升：寿光市软件园国家微小企业创业创新示范基地的实践探索[J]. 中国培训, 2017（03）：38-39.

[137] 王怀岳. 在创新对外开放模式上取得新进展[N]. 人民日报, 2014-01-23.

[138] 姚沅志. "四个城市"的谋与为：潍坊深化供给侧改革　推进"四个城市"建设[N]. 山东画报, 2017-12-05.

[139] 江炫谊. 以新时代主要矛盾推动我国经济建设[J]. 学理论, 2019（10）.

[140] 杨国胜, 张蓓, 刘杰, 等. 潍坊高新区：项目从"立"到"建"仅1个月[N]. 中国高新技术产业导报, 2017-10-16.

[141] 荣郁. 哪里是外贸企业订单"新掘金地"[N]. 国际商报, 2017-04-17.

[142] 许乾. 区域（城市）循环经济发展模式的实证分析[D]. 济南：山东师范大学, 2010.

[143] 山东省循环经济发展"十二五"规划[EB/OL]. http://www.docin.com.

[144] 袁源. 不同成长阶段下创新型中小企业融资问题研究[D]. 长沙：中南大学, 2008.

[145] 邓婷. 建设"数字潍坊"，提高城市竞争力：访山东省潍坊市政协副主席、信息产业局局长李传恒[J]. 中国信息界, 2009（03）：36-38.

[146] 孙景林, 王永惠, 隋伟, 等. 潍坊市水资源开发利用现状及对策[A]. 中国水利学会2010学术年会论文集：上册, 2010.11.

[147] 隋伟, 吴启宗, 李秀丽, 等. 潍坊市水资源开发利用现状及对策[J]. 治淮, 2010（08）：10-11.

[148] 吴正峰. 科技型中小企业融资研究[D]. 济南：山东大学, 2012.

［149］汤继强.我国科技型中小企业融资政策研究[D].成都：西南财经大学，2007.

［150］鹿彦.循环经济发展：模式及实现路径研究[D].济南：山东师范大学，2011.

［151］陈晓翠.新兴沿海城市循环经济发展模式研究[D].济南：山东师范大学,2012.

［152］王乐.区域循环经济的发展模式研究[D].大连：大连理工大学,2011.

［153］隋伟,苗乃华,陈吉贤,等.潍坊市地下水超采现状及对策[J].地下水,2010,32（3）：51-52.

［154］董春,张玉,刘纪平,等.基于交通系统可达性的城市空间相互作用模型重构方法研究[J].世界地理研究,2013（2）：34-42.

［155］郝真.山东省水资源优化配置研究[D].济南：山东师范大学,2011.

［156］周志红.基于循环经济理念的山东省城市环境成本效率评价[J].山东纺织经济,2015（04）：11-13.

［157］郝少英.国际水生态文明的法理基础和科学内涵[J].环境保护,2011（01）：76-78.

［158］陈荣.城市污水再生利用系统的构建理论与方法[D].西安：西安建筑科技大学,2011.

［159］王润萌.GD公司研发人员流失与保留策略研究[D].长春：吉林大学,2019.

［160］李庆坦.CEO海外经历对企业盈余管理的影响[D].徐州：中国矿业大学,2018.

［161］孙华平,咸越,王益佳.义乌外向型经济探析[J].管理科学文摘,2006（12）：53-54.

［162］杨晔.我国公共投资的财政效应分析[J].投资研究,2010（05）：24-33.

［163］毕克新,郭文刚.中小企业技术创新财税支持体系中外比较[J].科学学与科学技术管理,2005，26（10）:60-65.

［164］钟有为. 韩国科技兴国的举措 [J]. 安徽科技, 2004（7）: 50-51.

［165］靳晓东. 我国专利产业化中的风险投资制度研究 [J]. 商业时代, 2011（15）: 97-98+120.

［166］张金水, 林滇, 郑敏莉, 等. 促进我国高新技术产业发展的税收政策研究 [J]. 发展研究, 2008（11）: 25-24.

［167］曾姝. 自主创新与中日国家竞争力：基于国家宏观视角的比较分析 [J]. 日本研究, 2011（2）: 20-26.

［168］朱慧, 周根贵. 浙江省对外开放度的时空格局演化研究 [J]. 华东经济管理, 2015（11）: 39-45.

［169］王英. 江苏省 FDI 与现代服务业发展的协调度研究 [J]. 国际商务：对外经济贸易大学学报, 2013（2）: 159-162.

［170］孙慧, 邢娟娟, 滕文静, 等. 新疆对外开放与经济增长关系的实证分析 [J]. 资源与产业, 2013（2）: 159-162.

［171］黄伟新, 龚新蜀. 我国沿边地区开放型经济发展水平评价及影响因素的实证分析 [J]. 经济问题探索, 2014（1）: 39-45.

［172］吕丹, 王雅鹏. 推进农业电子商务向纵深发展：基于湖北省现状的对策思考 [J]. 商业经济研究, 2018（10）: 125-128.

［173］蒋娅娜. 我国农产品现代流通体系机制创新 [J]. 商业经济研究, 2018（06）: 119-122.

［174］李丽, 徐丹丹. 城乡流通差距对农村居民消费的影响：以北京市为例 [J]. 中国流通经济, 2018, 32（2）: 28-36.

［175］姚晓萍. 发达国家农业经济发展对我国农村摆脱经济贫困的启示 [J]. 商业经济研究, 2018（02）: 125-126.

［176］张晓林. 乡村振兴战略下的农村物流发展路径研究 [J]. 当代经济管理, 2019, 41（4）: 46-51.

［177］于刃刚. 主导产业论 [M]. 北京：人民出版社, 2003.

［178］陆国庆．衰退产业论[M]．南京：南京大学出版社，2002．

［179］郭爱君,陶银海,毛锦凰．协同发展:我国区域经济发展战略的新趋向——兼论"一带一路"建设与我国区域经济协同发展[J]．兰州大学学报：社会科学版,2017,45（4）:11-18．

［180］孙敬水,林晓炜．开放型经济的评价体系研究进展[J].国际经贸探索,2016,36（2）:34-47．

［181］陈威,潘润秋,王心怡.中国省域对外开放度时空格局演化与驱动机制[J].地理与地理信息科学,2016,32（3）:53-60．

［182］朱迎春．美国联邦政府基础研究经费配置及对我国的启示[J].全球科技经济瞭望,2017,32（8）：27-34.

［183］周志红．潍坊市高新技术企业财税优惠政策现状、问题及相关建议[J].纳税,2017（19）：9+11.

［184］宋竺忆．关于杭州市某区高新技术企业税收优惠政策实施效果的调研报告[D]．杭州：浙江财经大学,2016.

［185］何建堂.2015年企业所得税政策盘点[J].注册税务师,2016（02）：16-19.

［186］阿斯特里奥,霍尔．应用计量经济学[M].陈诗,译．北京: 北京大学出版社，2017.

［187］高金平,邹婷婷．创业投资企业与天使投资个人抵扣所得税政策解析[J].中国税务,2017（08）：28-32.

［188］陈丹萍．我国内部审计管理现状与对策[J]．审计研究,2007（06）：95-96+51.

［189］闫应召．我国物流仓储管理信息化建设存在的问题、成因及对策分析[J].全国流通经济,2017(21):19-20.

［190］张红宇．新常态下现代农业发展与体制机制创新[J].农业部管理干部学院学报,2015（1）：6-16.

[191] 刘怡, 张建忠. 潍柴力争"十三五"末销售收入破 2000 亿 [N]. 企业家日报, 2014-08-11.

[192] 韩立新. 我市食品加工产业发展迈入快车道 [N]. 潍坊日报, 2016-09-06.

[193] 潍坊市人民政府. 潍坊市人民政府关于印发潍坊市推进机械装备产业发展实施方案等七个方案的通知 [R]. 2015-08-23.

[194] 王晓辉. 法国工程师教育研究 [J]. 清华大学教育研究, 2013（2）: 36-42+49.

[195] 尹莉莉. "证照分离"的潍坊实践 [N]. 潍坊日报, 2018-06-12.

[196] 田霏. 用好外债这柄"双刃剑" 关于定西市利用外债情况的调研 [J]. 中国外汇, 2011（01）: 74-75.

[197] 陶红. 转变江门市外贸发展方式之我见 [J]. 特区经济, 2011（02）: 45-48.

[198] 于哲, 陈文. 潍坊, 全国性综合交通枢纽城市雏形已现 [J]. 走向世界, 2019（5）: 10-12.

[199] 周军伟. "十三五"时期创新开放发展模式的思考与建议 [J]. 创新科技, 2015（10）: 4-8.

[200] 罗舒. 支持企业技术创新的税务政策研究 [D]. 天津: 天津师范大学, 2013.

[201] 向强. 发展民营经济, 促进西部大开发 [D]. 成都: 西南财经大学, 2001.

[202] 李珊珊. 促进中小企业自主创新的财税政策研究 [D]. 长沙: 湖南大学, 2007.

[203] 南春兰. 韩国以外商直接投资调整产业结构的经验与教训 [D]. 延边: 延边大学, 2003.

[204] 王分棉. 加快我国高新技术企业国际化经营研究 [D]. 北京: 对外经济贸易大学, 2006.

[205] 刘阳. 潍坊地区非物质文化遗产要素研究 [J]. 河北工程大学学报: 社会科学版, 2015（3）: 79-82+91.

[206] 吴晓强. 走过七十年　迈向新征程 [N]. 潍坊日报, 2018-05-08.

[207] 刘杰. 聚势起舞　春潮涌动 [N]. 潍坊日报, 2018-12-18.

[208] 管斌, 刘杰. 潍坊发展有实招 [N]. 经济日报, 2019-09-11.

[209] 吴晓强, 韩滨. 全市工业转型升级加速推进 [N]. 潍坊日报, 2017-11-16.

[210] 山东省经济和信息化委员会、山东省发展和改革委员会、山东省科学技术厅关于印发《山东省汽车产业中长期发展规划（2018—2025年）》的通知 [R]. 山东省人民政府公报, 2018-06-20.

[211] 鲁经纬. 山东潍坊加快食品加工产业转型升级 [N]. 中国工业报, 2015-08-12.

[212] 王玲玲, 高文庆, 张瑞业, 等. 基于全球价值链视角的潍坊市传统优势产业转型升级研究 [J]. 潍坊学院学报, 2017, 17（5）: 1-7.

[213] 缪凯. 达州市蔬菜加工产业发展现状及建议 [J]. 长江蔬菜, 2017（2）: 78-80.

[214] 山东省经济和信息化委员会. 山东省经济和信息化委员会关于印发山东省造纸工业"十二五"发展规划的通知 [R]. 2011-12-11.

[215] 李伟鸣. 以标杆企业为引领　加快山东省造纸产业转型升级 [J]. 中华纸业, 2014（13）: 22-28.

[216] 审时度势精心谋划超前布局力争主动　实施国家大数据战略加快建设数字中国 [N]. 人民日报, 2017-12-10.

[217] 山东新旧动能转换综合试验区建设总体方案 [EB/OL]. https://wenku.baidu.

[218] 肖凡, 任建造, 伍敏冬, 等. 21世纪以来中国高新技术企业的时空分布和影响机制 [J]. 经济地理, 2018, 38（2）: 27-35.

[219] 徐建菊. 利用手持技术进行"氧气系列探究实验"的开发与实践 [D]. 银川: 宁夏大学, 2019.

[220] 傅向升. 贸易战硝烟难尽, 石化行业未来如何应对 [J]. 中国石油和化工, 2018（12）: 4-7.

［221］国务院办公厅关于聚焦企业关切进一步推动优化营商环境政策落实的通知［R］. 中华人民共和国国务院公报,2018-11-30.

［222］孔涵. 以海洋强省战略助推山东现代化强省建设［J］. 山东干部函授大学学报：理论学习,2019（09）：29-32.

［223］辛湘言. 以创新引领驱动高质量发展［J］. 新湘评论,2019（16）：22-24.

［224］高铁生,常义.2015—2017中国生产力发展研究报告［R］.2018-11-01.

［225］白瑞芳. 鄂尔多斯培育高质量发展新动能初探［N］. 鄂尔多斯日报,2019-07-16.

［226］黄茜. 社会主义与市场经济的兼容性问题研究［D］. 杭州：浙江大学,2019.

［227］郭勇,高杨. 真优惠带来真红利 新服务助力新发展［J］. 中国税务,2018（03）：24-25.

［228］高锋. 打好助力民营企业高质量发展"组合拳"［N］. 中华合作时报,2019-03-01.

［229］林毅. 经济制度变迁与中国经济增长：基于1952—2010年数据的分类检验［J］. 经济与管理研究,2012（7）：13-21.

［230］周四军,廖芳芳,李丹玉. 考虑行业异质性的我国工业能源效率分析［J］. 产经评论,2017,8（1）：31-44.

［231］刘方平."一带一路"：引领新时代中国对外开放新格局［J］. 甘肃社会科学,2018（2）：64-70.

［232］高丽娜,蒋伏心."新比较优势"下的"一带一路"倡议研究［J］. 世界经济与政治论坛,2017（2）：56-69.

［233］宁吉喆. 新产业新业态新模式统计探索与实践［M］. 北京：中国统计出版社,2017.

［234］沈文玮. 建设现代化经济体系的理论与实践认识［J］. 中国特色社会主义研究,2018（02）：46-51.

［235］韩瑛. 税收政策对高新技术企业研发投入的影响研究［D］. 蚌埠：安徽财

经大学, 2018.

[236] 焦云. "放管服"背景下乌鲁木齐经济技术开发区政府一站式服务问题研究[D]. 乌鲁木齐: 新疆大学, 2019.

[237] 李鲜鲜. 任城新材料产业园区差异化竞争战略研究[D]. 济南: 山东财经大学, 2018.

[238] 周志霞. 潍坊市农业文明建设与城乡统筹发展研究[M]. 北京: 企业管理出版社, 2019.

[239] 肖梅. 关于烟台园区建设创新的几点思考[J]. 新西部, 2019 (32): 56+55.

[240] 秦尊文, 李兵兵. 现代化经济体系的内涵与建设重点[J]. 社会科学动态. 2018 (05): 19-22.

[241] 石国亮. 新时代社会组织高质量发展的政策取向: 基于党的十八大以来年度"社会组织十件大事"的综合分析[J]. 中国社会组织, 2019 (5): 54-57.

[242] 杨朝均, 杨文珂, 李宁. 中国区域对外开放度的差异分解及空间收敛性研究[J]. 研究与发展管理, 2018, 30 (1): 115-125.

[243] 匡海波, 刘天寿, 刘家国, 等. 基于PCA-TOPSIS的自贸区开放水平测度研究[J]. 科研管理, 2018 (3): 69-79.

[244] 刘现伟. 新时代亟须推动民营经济高质量发展[N]. 经济参考报, 2019-02-27.

[245] 范捷. 改革开放激发园区内生力[N]. 中国企业报, 2019-08-27.

[246] 宋依蔓. 现代化经济体系建设下高职教育服务实体经济研究[J]. 教育与职业, 2019 (04): 41-47.

[247] 周志霞. 山东省低碳经济发展与应用研究[M]. 北京: 中国社会科学出版社, 2019.

[248] 于浩. 非金融企业金融化对创新的影响[D]. 郑州: 河南财经政法大学, 2019.

[249] 吕娜. 参与主体视角的生态循环农业模式及其保障机制研究[D]. 北京: 中国农业科学院. 2019.

附录一 ××市高新区科技型中小企业融资与需求情况调查问卷

各有关企业：

您好！中小企业一直以来都是推动国民经济发展、抵御金融危机冲击、促进社会稳定的重要力量，特别是目前，在确保国民经济适度增长、缓解就业压力、实现国民经济战略调整、优化经济结构等方面，都发挥着日益重要的作用。近一阶段我们正在研究如何更好地解决中小企业融资难这一课题，故需全面了解我市科技型中小企业融资现状、融资环境与政策需求情况，恳请您帮助我们完成"××市高新区科技型中小企业融资与需求情况调查问卷"。

本问卷共分三个部分，期待企业相关领导能在百忙之中抽空填答或指派专人负责完成。我们将严格履行保密义务，最终结果只供研究之用，不做任何其他用途。谢谢！

一、企业基本情况

企业名称			
企业性质	成立时间	职工人数	
注册资金	联系人	联系电话	

	2019 年	2020 年	2021 年 1—6 月
资产总额			
负债总额			
主营业务收入			
利润总额			
上缴税收总额			

二、企业资金来源情况

		金额	获得资金的时间	备注
企业创立、经营中的资金来源	自有资金			
	利用未分配利润			
	政府基金			
	主板市场			
	发行股票			
	债券融资			
	银行贷款			
	民间贷款			
	风险投资融资			
	担保融资（通过中小企业信用担保中心）			
	其他方式（在备注栏注明具体方式）			

三、企业对目前融资的感受

1. 贵企业发展的首要制约因素是：（ ）

   A. 资金　　　　B. 人才　　　　C. 管理　　　　D. 经济运行环境

2. 贵企业在发展过程中对资金的需求：（ ）

   A. 非常需要资金　B. 需要资金　　　C. 不需要资金　D. 不知道

3. 贵企业对资金的需求是否得到满足？（ ）

   A. 很满足　　　B. 基本满足　　　C. 勉强满足　　D. 不能满足

4. 贵企业对资金的需求主要以什么方式得到满足？（ ）（最多可选两项）

   A. 内源融资　　　　B. 商业银行贷款　　C. 民间贷款

   D. 资本市场（股票、债券）融资　　　E. 风险投资　　F. 政府基金

5. 贵企业认为目前融资是否困难？（ ）

   A. 很难　　　　B. 一般　　　　　C. 不难　　　　D. 不好说

6. 当贵企业遇到资金困难时，一般首先想到的是：（ ）

   A. 向银行、信用社等金融机构贷款

   B. 通过公开发行股票、债券等正规金融市场融资

   C. 向其他企业、组织机构和个人借款

   D. 向股东、员工集资

   E. 寻求风险投资者

   F. 申请政府扶持基金

7. 贵企业近三年是否有民间融资？（ ）

   A. 有　　　　B. 没有

8. 贵企业成立至今有否向银行申请过贷款？（ ）有否得到了贷款？（ ）

   A. 有　　　　B. 没有

9. 您认为不选择申请银行贷款或申请了但从银行处得不到所需资金的主

要原因有：（ ）

A．申请银行贷款手续烦琐

B．财务费用较高

C．企业信用等级不够

D．企业抵押不足

E．缺少信用担保机构的担保

F．银行不愿意贷款给中小企业

G．信息不畅通

H．其他请注明

10．贵企业近三年有否尝试过通过担保机构担保进行贷款？（ ）

A．有　　　　B．没有

11．信用担保机构对缓解贵企业融资难问题所起的作用：（ ）

A．非常大　　B．比较大　　C．一般　　D．没有作用

12．贵企业有否获得过风险投资？（ ）

A．有　　　　B．没有

13．贵企业有否获得过政府直接或间接的基金资助或融资扶持？（ ）

A．有　　　　B．没有

14．贵企业对现行中小企业融资方式的满意程度：（ ）

A．非常满意　B．满意　　　C．基本满意　D．不满意　E．很不满意

15．贵企业觉得园区在帮助中小企业融资方面有否发挥作用？（ ）

A．有　　　　B．几乎没有　C．完全没有

16．贵企业认为园区可以在哪些方面帮助中小企业更有效、便捷地获得所需资金？

_____

_____。

附录二 ××市推进新一轮高水平全面开放情况调查问卷

填表单位：_____ 联系方式：_____
填写人：_____ 单位性质：_____

答题提示：本问卷目的在于了解××市新一轮高水平全面开放的政策措施的实施情况，与企业发展、企业切身利益关系密切，请您如实填写；同时该问卷仅供政策研究、政策优化使用，不对外公布，严格保密。客观题（可单选或多选）请在您认为合适的选项上打"√"，主观题请您详细填写。

一、企业基本情况

1. 贵公司注册时间：_____年 [填空题]
2. 贵公司投资总额：_____万美元 [填空题]
3. 贵公司最大外方股东的国别或地区：[单选题]
（1）港澳□　　（2）台湾地区□　　（3）日本□　　（4）韩国□
（5）东南亚国家□（6）欧盟国家□　（7）其他□
4. 贵公司是否属于六大重点领域？是哪一类企业？[单选题]
（1）属于□　　（2）不属于□　　（3）其他□
5. 贵公司当初来××市投资考虑的主要因素是：[多选题]
（1）投资政策比较优惠□　　（2）地区经济发展潜力大□
（3）产业配套比较齐全□　　（4）劳动力充足且工资较低□

（5）土地廉价且较易取得□　（6）地理位置较优越□

（7）语言、文化背景□　　　（8）政府的工作效率□

（9）原材料、辅助材料资源比较丰富□

二、对新一轮高水平全面开放政策的意见

1. 针对新一轮高水平全面开放政策措施，建立健全市县两级组织推进体系，您认为该体系是否符合企业对外发展？[单选题]

（1）符合□　　（2）不符合□　　（3）其他□

2. 贵企业对市委、市政府推进新一轮高水平全面开放的政策措施是否了解？[单选题]

（1）系统清晰了解，能及时跟进政策更新□

（2）相对了解，了解政策更新相对及时□

（3）一般了解，了解政策更新存在一定滞后□

（4）认识模糊□　　（5）完全不了解□

3. 贵单位对××市推进新一轮高水平全面开放的政策措施的宣传力度做何评价？[单选题]

（1）宣传力度大，宣传效果有效□

（2）宣传力度一般，宣传效果一般□

（3）宣传力度弱，宣传效果弱□

（4）宣传力度与效果都不理想，需要完善□

4. 贵单位认为××市的哪些高层次人才政策具有吸引力？[多选题]

（1）科技园/创业园孵化条件□

（2）创业启动资金□

（3）资助科研项目力度□

（4）人才公寓、购房券政策等租房、购房政策□

（5）知识产权保护力度□

（6）与高等院校等合作紧密程度□

（7）薪资补助□

（8）法律法规执行力度□

（9）科技普及及互动程度□

（10）融资渠道畅通程度□

（11）税收政策优惠程度□

5.对于准备留在××市的人才，贵单位认为其最关注的问题在以下哪些方面？[多选题]

（1）个人发展问题□　（2）户籍问题□　（3）子女教育问题□

（4）配偶工作问题□　（5）住房问题□　（6）社会福利待遇问题□

（7）其他□

6.贵单位在开拓国际市场方面，会选择哪些途径？[多选题]

（1）市里自办展会□　　　　（2）海外商会联盟□

（3）利用企业信用保险□　　（4）海外工作基地和平台□

（5）市里统一组织的境外重点展会□

7.贵单位目前入驻了哪些网络服务交易平台？[多选题]

（1）阿里巴巴国际站□　　　（2）世界制造网□

（3）亚马逊□　　　　　　　（4）广茂天下网□

（5）米奥兰特247网展览平台□　（6）eBay□

（7）没有入驻□　　　　　　（8）其他□

8.国际贸易单一窗口、通关一体化改革，对贵企业的发展有何实际影响？还有哪些方面需要改进？[填空题]

9.贵企业在国际交流与合作过程中存在哪些实际困难？［填空题］

10.贵企业在发展外贸新业态、增强外贸竞争力方面存在哪些实际困难？［填空题］

11.高水平全面开放政策措施发布实施以来，贵单位的受益情况怎么样（请具体说明）？［填空题］

12.贵单位对深化"一次办好"改革,全力打造营商环境方面有什么意见建议？［填空题］

13.贵单位对新一轮高水平全面开放政策的实施有什么建议？请举例具体说明。［填空题］

三、对优化营商环境的意见

1.您对目前贵公司所在地区投资软环境总体状况的评价：［单选题］
（1）很好□　　（2）较好□　　（3）一般□
（4）较差□　　（5）很差□

2. 您认为近几年贵公司所在地区投资软环境变化趋势如何？[单选题]

（1）有明显改善□　　　（2）有一些改善□　　（3）没有改善□

（4）有所恶化□　　　　（5）严重恶化□

3. 您对贵公司在当地的投资信心：[单选题]

（1）很强□　　　　　　（2）较强□　　　　　（3）一般□

（4）较为缺乏□　　　　（5）严重缺乏□

4. 从贵公司角度看，您认为当地产业配套情况：[单选题]

（1）很好□　　　　　　（2）较好□　　　　　（3）一般□

（4）较差□　　　　　　（5）很差□

5. 贵公司享受到下列哪些优惠政策和支持？[多选题]

（1）专项资金支持或财政补贴□　（2）优先照顾建设用地□

（3）减免部分税费□　　　　　　（4）政府帮助攻克技术难题□

（5）帮助引进企业急需人才□　　（6）银行放宽贷款条件□

（7）没有享受什么重要支持□

6. 您认为当地政府的优惠政策落实程度：[单选题]

（1）很好□　　　（2）较好□　　　（3）一般□

（4）较差□　　　（5）很差□

7. 您认为贵公司在当地融资：[单选题]

（1）很难□　　　（2）较难□　　　（3）较易□

（4）很容易□　　（5）政府能够提供帮助□

8. 您认为贵公司要想从当地获得熟练工人及高级人才：[单选题]

（1）很难□　　　（2）较难□　　　（3）一般□

（4）较易□　　　（5）很容易□

9. 贵公司是否与有关科研机构进行过联合研发：[单选题]

（1）是□　　　　（2）否□

10. 贵企业发展面临的主要问题有哪些？[多选题]

（1）融资门槛高□　　　（2）融资成本高□

（3）政策不合理□　　　（4）与政府部门打交道难□

（5）税费负担重□　　　（6）成本上升过快□

（7）市场需求低迷□　　（8）市场竞争不规范□

（9）获取政策信息难□　（10）企业发展信心不足□

（11）缺乏配套企业□　　（12）流动资金不足□

11. 项目招投标中存在哪些突出问题？［多选题］

（1）政府人员违规插手企业项目建设，从事营利等活动□

（2）企业项目建设中存在政府人员影响招标，以及围标串标等□

（3）政府投资项目无立项报建手续，擅自动工修建，项目竣工后无质检、竣工验收等就交付或投入使用□

（4）政府投资项目先施工后招标，招投标走过场、流于形式□

（5）政府投资项目应该公开招标的项目不公开招标□

12. 企业最希望政府制定哪些减负政策措施或解决哪些问题？［多选题］

（1）减免税费，进一步完善基础设施□

（2）补贴研发和创新补贴节能减排□

（3）加大政府有效投资补贴水电等垄断收费□

（4）提供技能娴熟、适应力强的劳动人员□

（5）取消不必要的审批手续□

（6）取消不合理的收费和摊派□

（7）加快政府职能转变，提高政府办事效率□

（8）抓紧落实已制定的各项政策措施□

（9）减少不必要的检查等对企业的各种干预□

（10）明确招商承诺，保障招商企业利益□

（11）降低融资成本、拓展融资渠道、提供信用担保解决融资瓶颈□

（12）其他□

13.您对各级管理部门工作效率、工作流程、服务管理、照章办事等总体评价如何？ [矩阵单选题]

题目\选项	很不满意	不满意	一般	满意	很满意
发展与改革部门 物价管理部门					
土地规划部门 环保管理部门					
交通管理部门 财政部门					
商务部门 科技部门					
社会保障部门 技术监督部门					
卫生管理部门 工商管理部门					
税务部门 检察院、法院					
公安、消防部门 海关					
城管					

14. 请确认下列因素妨碍贵公司经营和发展的程度。 [矩阵单选题]

题目\选项	无	很小	较小	一般	较大	很大
国际贸易摩擦						
缺乏国际贸易专业高级人才						
国际交流平台利用率不高						
招商引资困难						
税务						
海关						
工人的劳动技能和受教育水平						
融资困难						
地方保护主义						
经济和管理政策不稳定						
社会治安						
其他企业的不正当竞争活动						
法律法规方面的信息获得						

15. 您对下列法规政策在相应选项的满意度是（用打分表示，最高 5 分，最低 1 分）：[矩阵量表题]

题目\选项	完善性	配套性	统一性	公开性	公正性	平均分
设立经营						
土地管理						
环境保护						
项目审批						
税收优惠						
财政优惠						
劳动用工						
产权保护						
科技扶持						
行业扶持						
小计						

附录三 ××市营商环境情况调查问卷

为贯彻落实党中央、国务院关于优化营商环境的决策部署，切实做好××市优化营商环境建设工作，广泛征求优化营商环境的意见建议，了解群众和企业在从事营商活动中遇到的困难、问题以及对改善和优化营商环境的诉求、期盼等，特开展本次营商环境问题调查，现就有关事项说明如下。

一、请在□内打"√"。

二、请在输入文本框填写相关内容。

三、本调查采用无记名方式。对自愿署名的企业，将严格予以保密。

一、企业基本情况

1. 贵公司注册时间：_____年。

2. 贵公司投资总额：_____万美元。

3. 贵公司最大外方股东的国别或地区：

　　（1）港澳□　　（2）台湾地区□　　（3）日本□　　（4）韩国□

　　（5）东南亚国家□　（6）美国□　（7）欧盟国家□

　　（8）其他欧洲国家□

　　（9）其他国家或地区（请注明）_____

4. 贵公司所从事的行业：

　　（1）农林牧渔业□　　（2）制造业□

　　（3）电力、燃气及水生产供应业□

　　（4）建筑业□　　（5）房地产业□

（6）交通运输、仓储及邮政业□　　（7）金融业□

（8）批发和零售业□　　　　　　　（9）酒店、餐饮及娱乐业□

（10）其他（请注明）_____

5. 贵公司当初来××市投资考虑的主要因素是（可多选）：

（1）投资政策比较优惠□　　（2）地区的经济发展潜力□

（3）产业配套比较齐全□　　（4）劳动力充足且工资较低□

（5）土地廉价且较易取得□　　（6）地理位置较优越□

（7）原材料、辅助材料资源比较丰富□

（8）政府的工作效率□　　　（9）语言、文化背景□

（10）其他（请注明）_____

二、总体投资软环境

1. 您对目前贵公司所在地区投资软环境总体状况的评价：

（1）很好□　（2）较好□　（3）一般□　（4）较差□　（5）很差□

2. 您认为近几年贵公司所在地区投资软环境变化趋势如何：

（1）有明显改善□　（2）有一些改善□　（3）没有改善□

（4）有所恶化□　　（5）严重恶化□

3. 您对贵公司在当地的投资信心：

（1）很强□　　（2）较强□　　（3）一般□

（4）较为缺乏□　（5）严重缺乏□

4. 从贵公司角度看，您认为当地产业配套情况：

（1）很好□　（2）较好□　（3）一般□　（4）较差□　（5）很差□

三、政策法规环境

1.您对下列法规政策在相应选项的满意度是(用打分表示,最高5分,最低1分,请在所选分值画圈):

评价项目 法规政策	完善性	配套性	统一性	公开性	公正性
设立经营	5 4 3 2 1	5 4 3 2 1	5 4 3 2 1	5 4 3 2 1	5 4 3 2 1
土地管理	5 4 3 2 1	5 4 3 2 1	5 4 3 2 1	5 4 3 2 1	5 4 3 2 1
环境保护	5 4 3 2 1	5 4 3 2 1	5 4 3 2 1	5 4 3 2 1	5 4 3 2 1
项目审批	5 4 3 2 1	5 4 3 2 1	5 4 3 2 1	5 4 3 2 1	5 4 3 2 1
税收优惠	5 4 3 2 1	5 4 3 2 1	5 4 3 2 1	5 4 3 2 1	5 4 3 2 1
财政优惠	5 4 3 2 1	5 4 3 2 1	5 4 3 2 1	5 4 3 2 1	5 4 3 2 1
劳动用工	5 4 3 2 1	5 4 3 2 1	5 4 3 2 1	5 4 3 2 1	5 4 3 2 1
产权保护	5 4 3 2 1	5 4 3 2 1	5 4 3 2 1	5 4 3 2 1	5 4 3 2 1
科技扶持	5 4 3 2 1	5 4 3 2 1	5 4 3 2 1	5 4 3 2 1	5 4 3 2 1
行业扶持	5 4 3 2 1	5 4 3 2 1	5 4 3 2 1	5 4 3 2 1	5 4 3 2 1

2.您认为当地行政执法人员的无证执法现象:

(1)很严重□ (2)比较严重□ (3)一般□

(4)较少□ (5)不存在□

3.您认为当地行政执法人员违反法定程序执法现象:

(1)很严重□ (2)比较严重□ (3)一般□

(4)较少□ (5)不存在□

4. 您认为当地执法人员行政执法自由裁量：

（1）很合理□　（2）比较合理□　（3）一般□

（4）较不合理□　（5）很不合理□

5. 您对当地政府和司法机关对投资者产权的保护力度：

（1）很满意□　（2）较为满意□　（3）基本满意□

（4）不满意□　（5）很不满意□

6. 当遇到行政人员违规违纪时，有没有地方受理您的投诉？

（1）有□　（2）没有□　（3）不知道该往哪里投诉□

如您有投诉的经历，您的投诉是否得到及时、妥善的处理？

（1）是□　（2）否□

7. 贵公司是否与政府机构发生纠纷、争执？　（1）是□　（2）否□

如果是，是否有其他政府部门或上级领导可以帮忙解决或处理？

（1）是□（2）否□

如果是，贵公司是否使用过这种渠道？　（1）是□　（2）否□

如果是，贵公司对解决结果是否满意？　（1）是□　（2）否□

8. 若贵公司与其他公司发生商业纠纷，您认为当地法律系统可以给本公司公平、公正判决的概率有多大？　_____%

9. 在贵公司所发生的商业或其他纠纷中，贵公司的合法合同或财产权得到保护（判决下达并执行）的比例有多大？　_____%

10. 您认为当地的法律监督体系：

（1）很完善□　（2）比较完善□　（3）一般□

（4）不完善□　（5）很不完善□

11. 您认为当地政府机关的非规范收费：

（1）很严重□　（2）比较严重□　（3）一般□

（4）较少□　（5）不存在□

12. 您认为当地的盗版知识产品：

（1）很多□　（2）较多□　（3）一般□　（4）较少□　（5）很少□

13. 贵公司享受到下列哪些优惠政策和支持（可多选）？

（1）专项资金支持或财政补贴□　　（2）优先照顾建设用地□

（3）减免部分税费□　　　　　　　（4）政府帮助攻克技术难题□

（5）没有享受什么重要支持□

14. 您认为当地政府现行的投资政策的优惠程度：

（1）很大□　（2）较大□　（3）一般□　（4）较小□　（5）很小□

15. 您认为当地政府的优惠政策落实程度：

（1）很好□　（2）较好□　（3）一般□　（4）较差□　（5）很差□

16. 您认为近几年中，当地政府的有关投资政策：

（1）有明显改善□　（2）有一些改善□　（3）没有改善□

（4）有所恶化□　　（5）严重恶化□

17. 您认为当地政府对投资者的无歧视待遇方面执行情况如何？

（1）很好□　（2）较好□　（3）一般□　（4）较差□　（5）很差□

四、政务环境

1. 您对当地政府的整体印象：

（1）很好□　（2）较好□　（3）一般□　（4）较差□　（5）很差□

2. 您认为当地政府的服务意识：

（1）很好□　（2）较好□　（3）一般□　（4）较差□　（5）很差□

3. 贵公司在同当地政府有关部门打交道中，其工作人员总体态度：

（1）很好□　（2）较好□　（3）一般□　（4）较差□　（5）很差□

4. 您认为当地政府工作人员的整体素质：

（1）很好□　（2）较好□　（3）一般□　（4）较差□　（5）很差□

5. 您认为当地政府工作人员的工作主动性:

（1）很好□ （2）较好□ （3）一般□ （4）较差□ （5）很差□

6. 您认为当地政府在廉洁方面:

（1）很好□ （2）较好□ （3）一般□ （4）较差□ （5）很差□

7. 您认为当地行政机关办事程序公开程度:

（1）很好□ （2）较好□ （3）一般□ （4）较差□ （5）很差□

8. 贵公司投资项目审批平均所用时间为

（1）1~5 天□ （2）6~10 天□ （3）11~15 天□ （4）16~20 天□

（5）21 天及以上□

9. 您与当地政府部门交往中，遇到下列哪种情况较多（多选）:

（1）政务不公开，暗箱操作□ （2）推诿扯皮，效率低下□

（3）以部门名义要求赞助□ （4）工作人员以权谋私□

（5）执法粗暴生硬□

（6）只有收费、检查、处罚时才见到人，企业有困难却坐视不管□

10. 您对各级管理部门工作效率、工作流程、服务管理、照章办事等总体评价如何？

管理部门	很满意　满意	一般　不满意	很不满意　不常打交道
发展与改革部门			
物价管理部门 土地规划部门			
环保管理部门 交通管理部门			
财政部门 商务部门			

续表

管理部门	很满意	满意	一般	不满意	很不满意	不常打交道
科技部门						
社会保障部门						
技术监督部门						
卫生管理部门						
工商管理部门						
税务部门						
检察院、法院						
公安、消防部门						
海关						
城管						

五、经营环境

1.请确认下列因素妨碍贵公司经营和发展的程度。

因素	妨碍的程度					
	无	很小	较小	一般	较大	很大
1. 通信						
2. 供电						
3. 供水						
4. 交通						
5. 税务						
6. 海关						
7. 工人的劳动技能和受教育水平						

续表

因素	妨碍的程度					
	无	很小	较小	一般	较大	很大
8. 融资						
9. 地方保护主义						
10. 经济和管理政策不稳定						
11. 社会治安						
12. 其他企业的不正当竞争活动						
13. 法律法规方面的信息获得						

2. 您认为贵公司从当地银行获得贷款：

（1）很难□ （2）比较难□ （3）一般□ （4）较易□ （5）很容易□

在获得贷款方面政府是否能提供帮助？

（1）是□ （2）否□

3. 您认为贵公司在当地通过资本市场进行融资：

（1）很难□ （2）比较难□ （3）一般□ （4）较易□ （5）很容易□

4. 您认为贵公司在当地获得民间及风险资本的支持：

（1）很难□ （2）比较难□ （3）一般□ （4）较易□ （5）很容易□

5. 2020 年不合理收费占贵公司营业收入的比重为：_____%

6. 2020 年行政性收费占贵公司营业收入的比重为：_____%

7. 2020 年事业性收费占贵公司营业收入的比重为：_____%

8. 您认为当地的不合理收费现象：

（1）很严重□ （2）较严重□ （3）一般□

（4）较少□ （5）不存在□

9. 您认为贵公司承担的行政性收费负担：

（1）很大□ （2）较大□ （3）一般□

（4）较合理☐　（5）很合理☐

10. 您认为贵公司承担的事业性收费负担：

　　（1）很大☐　　（2）较大☐　　（3）一般☐

　　（4）较合理☐　（5）很合理☐

11. 您认为在各项收费方面当地政府对企业的歧视性：

　　（1）很严重☐　（2）较严重☐　（3）一般☐

　　（4）较少☐　　（5）不存在☐

12. 您认为当地政府在各项收费监督方面：

　　（1）很完善☐　（2）较完善☐　（3）一般☐

　　（4）较不完善☐（5）很不完善☐

13. 您认为当地政府有关部门越权管理现象：

　　（1）很严重☐　（2）较严重☐　（3）一般☐

　　（4）较少☐　　（5）不存在☐

14. 贵公司管理者每月平均需要多少天与政府有关部门打交道或完成其布置的工作（政府有关部门指税收、关税、劳动力管理、登记注册等部门；布置的工作包括处理与政府工作人员的关系、报送各类报表等）。

　　（1）1~5 天☐　　（2）6~10 天☐　　（3）11~15 天☐

　　（4）16~20 天☐　（5）21 天及以上☐

15. 您认为贵公司要想从当地获得需要的熟练工人：

　　（1）很难☐　（2）比较难☐　（3）一般☐　（4）较易☐　（5）很容易☐

16. 您认为贵公司要想从当地获得需要的高级人才：

　　（1）很难☐　（2）比较难☐　（3）一般☐　（4）较易☐　（5）很容易☐

17. 贵公司是否与有关科研机构进行过联合研发？

　　（1）是☐　（2）否☐

六、市场环境

1. 您认为贵公司所投资行业在当地的进入壁垒：
   （1）很高□　（2）较高□　（3）一般□　（4）较低□　（5）不存在□

2. 您认为当地的地方保护主义：
   （1）很严重□（2）较严重□（3）一般□（4）较少□（5）不存在□

3. 您认为在行业投资开放方面，当地政府对待内外资的歧视性：
   （1）很严重□（2）较严重□（3）一般□（4）较少□（5）不存在□

4. 您认为当地市场管理机构的协调能力：
   （1）很强□　（2）较强□　（3）一般□　（4）较差□　（5）很差□

5. 您认为当地市场管理部门管理人员的素质：
   （1）很高□　（2）较高□　（3）一般□　（4）较差□　（5）很差□

6. 您认为当地市场经济法律法规：
   （1）很完善□（2）较完善□（3）一般□
   （4）较不完善□　（5）很不完善□

7. 您认为当地市场不合理现象：
   （1）很严重□（2）比较严重□　（3）一般□
   （4）很少□　（5）不存在□

8. 您认为当地假冒伪劣商品情况：
   （1）很严重□（2）比较严重□　（3）一般□
   （4）很少□　（5）不存在□

9. 您认为假冒伪劣商品对贵公司的产品影响：
   （1）很大□　（2）较大□　（3）一般□
   （4）较小□　（5）很小□

10. 您认为当地企业间的不正当竞争：

（1）很严重□ （2）较严重□ （3）一般□

（4）较少□ （5）不存在□

11. 您认为当地反不正当竞争的力度如何？

（1）很大□ （2）较大□ （3）一般□ （4）较小□ （5）很小□

七、社会综合环境

1. 您认为当地的社会治安状况：

（1）很好□ （2）较好□ （3）一般□ （4）较差□ （5）很差□

2. 您认为当地的社会稳定状况：

（1）很好□ （2）较好□ （3）一般□ （4）较差□ （5）很差□

3. 您认为贵公司的客户拖欠货款问题：

（1）很严重□ （2）比较严重□ （3）一般□

（4）很少□ （5）不存在□

4. 2020年贵公司应收账款占收入的比重是：_____%

5. 您认为与贵公司合作的当地企业信用水平：

（1）很高□ （2）较高□ （3）一般□ （4）较差□ （5）很差□

6. 您认为当地金融机构的信用水平：

（1）很高□ （2）较高□ （3）一般□ （4）较差□ （5）很差□

7. 您认为当地政府的信用水平：

（1）很高□ （2）较高□ （3）一般□ （4）较差□ （5）很差□

8. 企业在投资、建设、经营、发展，办理有关手续或事项过程中，遇到的主要困难是什么？具体原因有哪些？有什么解决措施或建议？

_____

_____

9. 对××市优化经济发展、政务服务环境,为企业做好服务等方面还有哪些意见和建议?

10. 企业最希望政府公开什么信息?最需要了解什么信息?

附录四 我国现行的高新技术企业税收优惠政策

表 1 我国现行的高新技术企业税收优惠政策汇总表[①]

优惠税种	优惠内容
增值税	①企业进口仪器、设备直接用于科学研究、试验和教学的免征进口增值税
	②单位和个人技术转让、技术开发以及相关的技术咨询、技术服务取得收入,免征增值税
	③一般纳税人销售自行开发的软件产品,对其实际税负超过3%的增值税部分即征即退
企业所得税	①居民企业转让技术所有权所得不超过500万元的部分,免征企业所得税;超过500万元的部分,减半征收企业所得税
	②国家需要重点扶持的高新技术企业减按15%的税率征收企业所得税
	③企业开展研发活动中实际发生的研发费用,计入当期损益的,按实际发生额的50%,从应纳税所得额中扣除;形成无形资产的,按无形资产成本的150%在税前摊销
	④创业投资企业采取股权投资方式投资于未上市的中小高新技术企业2年以上的,可按其投资额的70%在股权持有满两年的当年抵扣该企业的应纳税所得额;当年不足抵扣的,在以后纳税年度结转抵扣
	⑤企业的固定资产由于技术进步原因,确需加速折旧的,可缩短折旧年限或者加速折旧
	⑥对所有行业企业2014年1月1日后新购进的单位价值不超过100万元的专门用于研发的机器、设备,允许一次性在应纳税所得额中扣除;单位价值超过100万元的,可缩短折旧年限或加速折旧
	⑦对于软件产业的税收优惠:我国境内新办的符合条件的软件企业,自获利年度起,第一年至第二年免征企业所得税,第三年至第五年按照法定税率减半征收
	⑧国家规划布局内的重点软件企业,可减按10%的税率征收企业所得税

[①] 资料来源:根据宋竺忆《关于杭州市某区高新技术企业税收优惠政策实施效果的调研报告》整理。

续表

优惠税种	优惠内容
个人所得税	①中国科学院、中国工程院资深院士津贴,免征个人所得税
	②特聘教授的奖金,省级人民政府、国务院部委和中国人民解放军军以上的单位颁发给科技人员的奖金,免征个人所得税
	③非上市公司授予本公司员工的股票期权、股权期权、限制性股票和股权奖励,符合规定条件的,经向主管税务机关备案,可实行递延纳税政策。上市公司授予个人的股票期权、限制性股票和股权奖励,经主管税务机关备案,个人可自股票期权行权、限制性股票解禁或取得股权奖励之日起,在不超过12个月的期限内缴纳个人所得税
其他税	①企业进口仪器、设备直接用于科学研究、试验和教学的免征关税
	②对符合条件的孵化器自用以及无偿或通过出租等方式提供给孵化企业使用的房产、土地,免征房产税和城镇土地使用税

表2 我国高新技术企业税收优惠政策分类汇总表

项目	优惠方式	优惠内容	优惠对象
直接优惠	优惠税率	10%	重点软件企业和集成电路企业
		15%	国家认定的高新技术企业
	税收减免	免征	技术转让所得不超过500万元的部分
		减半征收	技术转让所得超过500万元的部分
		两免三减半	境内新办的软件企业
间接优惠	加计扣除	按研究开发费用的50%加计扣除或按无形资产成本的150%摊销	符合条件的所有企业
	加速折旧	缩短固定资产折旧年份	符合条件的所有企业
	投资抵免	投资额的70%抵扣应纳税所得额	创投企业
	即征即退	软件产品超税负即征即退	软件企业

致 谢

本书在写作过程中，得到潍坊市、潍坊高新经济开发区、潍坊滨海经济技术开发区、潍坊综合保税区、潍坊奎文经济开发区、潍坊寿光市、潍坊诸城市等地商务局领导及工作人员的大力支持，提供了潍坊市及县市区开放发展的大量具体的一手资料；得到周志红博士的大力支持，提供了企业开放发展的大量翔实的资料。

在此，特向以上领导和专家表示衷心的感谢！

周志霞
2021 年 6 月